AF460417

MINISTÈRE DE LA MARINE ET DES COLONIES.

BIBLIOTHÈQUE IMPÉRIALE

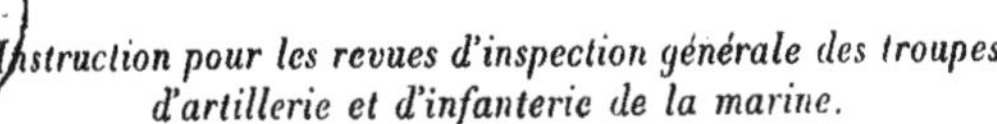

Instruction pour les revues d'inspection générale des troupes d'artillerie et d'infanterie de la marine.

Paris, le 6 mai 1858.

TABLE DES MATIÈRES.

(Insérée au Bulletin officiel n° 15. — 1858.)

FIN DE LA TABLE DES MATIÈRES.

INSTRUCTION.

L'intention du Gouvernement étant de se faire rendre compte annuellement de tout ce qui intéresse le service, la tenue, la discipline, l'instruction et l'administration des troupes de la marine, MM. les officiers généraux auxquels sera confiée l'importante mission d'inspecter le régiment d'artillerie, les compagnies d'ouvriers, les régiments d'infanterie, les cadres du bataillon d'apprentis fusiliers, la compagnie de discipline et les corps de troupes indigènes dans les colonies, devront se conformer strictement aux dispositions contenues dans la présente instruction, et MM. les préfets maritimes et MM. les gouverneurs des colonies auront soin de donner des ordres pour que les fonctionnaires qui doivent seconder et assister les inspecteurs généraux leur fournissent tous les renseignements dont ils auront besoin pour avoir une connaissance exacte et approfondie de chacune des parties du service qu'ils doivent examiner.

SOMMAIRE DE L'OBJET DE LA REVUE.

Les inspecteurs généraux ont pour attributions essentielles de constater l'état des corps dans toutes les parties constitutives et organiques; d'imprimer au service, à la discipline, à l'instruction, à l'administration, une marche active et régulière, et de réformer tout ce qui serait contraire aux lois et aux règlements; d'apprécier les titres des militaires aux diverses récompenses, d'écouter leurs demandes et leurs réclamations, et d'y faire droit dans les limites de leur compétence; en un mot, de suppléer l'action propre du ministre pour tous les cas où elle peut être suppléée.

DISPOSITIONS GÉNÉRALES ET PRÉLIMINAIRES.

I. Les inspecteurs généraux recevront, pendant la durée de leurs fonctions, les honneurs militaires attribués aux généraux commandant les divisions et subdivisions territoriales, suivant leur grade (1).

II. Ils informeront le ministre (*bureau des corps organisés et de la justice maritime*) de l'itinéraire qu'ils se proposent de suivre et de l'époque probable de leur arrivée auprès de chaque corps: ils donneront aussi ce dernier avis au préfet maritime de l'arrondissement, ou au gouverneur de la colonie où se trouvent les troupes à inspecter. Dans le cas où les exigences du service obligeraient les inspecteurs généraux à modifier l'itinéraire qu'ils auraient d'abord indiqué, ils préviendront le ministre (*direction du personnel, bureau des corps organisés et de la justice maritime*) des changements qu'ils y apporteraient.

III. Ils demanderont à l'avance à l'autorité militaire locale le déplacement ou la réunion des troupes à inspecter, s'ils prévoient qu'il en soit besoin : ces mouvements seront combinés avec les nécessités du service.

IV. Le commissaire général dans les ports, ou l'ordonnateur dans les colonies, fera connaître à l'inspecteur général les corps et les établissements militaires dont l'inspection administrative est terminée, et appellera son attention sur les objets d'administration et de comptabilité qui seraient de nature à exiger de sa part un examen particulier. Il lui fera connaître, en outre, par écrit, son opinion motivée et celle du commissaire aux revues ayant la surveillance administrative du corps, sur l'aptitude des militaires présentés par le colonel ou le commandant de la portion de corps comme candidats pour les fonctions d'officiers comptables ou de major. Ces opinions seront transcrites textuellement par l'inspecteur général sur les listes de présentation.

V. Le commissaire aux revues chargé de la surveillance administrative du corps accompagnera l'inspecteur général à la revue d'effectif et à la revue de détail, pour les diverses parties où sa présence serait reconnue nécessaire, à la visite des magasins, à l'arrêté de la comptabilité, et enfin à la revue d'honneur. Pour la visite de l'hôpital et pour celle de la manutention, l'inspecteur général sera accompagné par les commissaires de la marine chargés de ces services.

---

(1) Voir l'ordonnance du 2 novembre 1833, sur le service intérieur des troupes d'infanterie, chapitre XXXI, et la note du 26 juillet 1836, *Journal militaire*, page 68.

VI. Chaque colonel ou commandant de portion de corps remettra lui-même à l'inspecteur général, immédiatement après son arrivée :

1° Le registre d'ordres;

2° Le livret d'inspection des deux dernières années;

3° Le registre du personnel des officiers, ainsi que les registres de punitions du petit état-major et des compagnies;

4° L'état nominatif des sous-officiers avec notes et renseignements sur chacun d'eux (1);

5° Deux exemplaires de la deuxième partie du livret (*ceux qui sont destinés à l'inspecteur général et au corps*) : le chef de corps y inscrira à l'avance les présentations qu'il croira devoir faire pour l'avancement au choix, les fonctions spéciales, ainsi que pour l'admission ou l'avancement dans l'ordre impérial de la Légion d'honneur et l'obtention de la médaille militaire (2);

6° L'état nominatif des militaires de tous grades dont les demandes d'admission à la pension de retraite, instruites d'avance par les soins du conseil d'administration du corps, et visées par le commissaire aux revues, sont en état d'être présentées à l'inspecteur général (ordonnance du 26 janvier 1832, et *Manuel des pensions de l'armée de terre*, pages 16, 30, 38 et 260 du *Journal militaire*);

7° Le rapport, en triple expédition, du chirurgien-major sur l'état sanitaire de la troupe : ce rapport sera établi conformément à l'instruction de l'inspecteur général du service de santé de la marine;

8° Un exemplaire du rapport d'ensemble contenant tous les renseignements à fournir à l'inspecteur général, ainsi que le rapport général du chef de corps (3);

9° Une situation de la portion de corps, conforme au modèle compris sous le n° 1 de la 1re partie.

VII. Pendant la durée de l'inspection de chaque corps, le service intérieur suivra son cours ordinaire; mais les rapports

---

(1) Cet état sera détaché du cahier spécial n° 2.

(2) Le chef de corps n'inscrira aucune proposition sur le 3e exemplaire de la 2e partie du livret destiné au ministre : il se bornera à remplir, en ce qui le concerne, l'état n° 27.

(3) Voir le paragraphe 4° du tableau énumératif des états et pièces à fournir pour les revues d'inspection générale.

seront faits à l'inspecteur général par le colonel ou le commandant de la portion de corps, comme ils le sont au colonel par le lieutenant-colonel et les autres officiers. De cette manière, l'inspecteur général sera plus à portée de juger si le service est fait conformément aux ordonnances et règlements. Il aura dû, à cet effet, vérifier préalablement les livres d'ordres.

VIII. L'inspecteur général s'attachera à savoir si le service, l'instruction et les distributions ont été réglés avec mesure et discernement, eu égard au temps, aux lieux et aux circonstances.

IX. Il s'assurera, pendant le cours de son inspection, que le service des places se fait exactement, qu'il règne un bon esprit et une union parfaite parmi les officiers et parmi les sous-officiers. Il s'enquerra si la bonne harmonie existe entre les habitants et le corps; si la conduite des militaires qui le composent ne donne pas lieu à des plaintes, et particulièrement si les officiers et les sous-officiers ne font pas des dépenses au-dessus de leurs moyens, et s'ils ne contractent pas des dettes. Il prescrira, s'il y a lieu, les mesures nécessaires pour que les dettes soient promptement payées; il infligera des punitions proportionnées à la nature de ces dettes, et il sera d'autant plus sévère que ceux qui les auront contractées seront revêtus de grades plus élevés ou tomberont plus fréquemment dans cette faute.

X. Lorsqu'il n'y aura pas eu d'inspection générale dans le cours de l'année précédente, les sommes accordées aux sous-officiers, caporaux et soldats, à titre de prix, indemnité ou gratification, et imputables sur la masse générale d'entretien ou sur le fonds spécial des écoles, pourront être doublées si l'inspecteur général reconnaît que cette augmentation est suffisamment justifiée.

XI. Les chefs de corps ne perdront pas de vue que la faculté d'accorder des permissions d'absence doit s'exercer de manière que tout le monde soit présent aux inspections générales.

Cette disposition doit être rigoureusement observée, surtout à l'égard des officiers, afin que l'inspecteur général soit à même d'asseoir son opinion, non-seulement sur le corps d'officiers, mais encore sur chaque officier en particulier.

XII. L'inspecteur général adressera au ministre des rapports spéciaux sur les objets qui demanderaient une prompte décision.

ORDRE DU TRAVAIL.

Les opérations de l'inspecteur général seront divisées de la manière suivante, sauf les modifications que le temps, les localités et les circonstances pourraient rendre nécessaires.

Ire Section. Revue d'ensemble.
IIe ——— Examen des catégories.
IIIe ——— Revue de détail.
IVe ——— Examen de l'instruction.
Ve ——— Examen de l'administration.
VIe ——— Visite des établissements.
VIIe ——— Travaux de clôture de l'inspection.

Ire SECTION.

REVUE D'ENSEMBLE.

ARTICLE PREMIER.

L'inspecteur général indiquera l'heure et le lieu de la revue d'ensemble : la troupe sera dans la tenue qu'il aura prescrite.

ART. 2.

Il sera accompagné du commissaire aux revues, ainsi qu'il a été dit aux dispositions préliminaires, et passera la revue du régiment. Le régiment sera en bataille pour le recevoir. Le colonel et les officiers supérieurs seront à leur place de bataille.

Après avoir fait porter les armes et ordonné aux clairons de rappeler ou d'être prêts à sonner, suivant le grade de l'inspecteur général, le colonel se portera vivement au-devant de lui, le saluera et restera à portée de recevoir ses ordres. En l'accompagnant dans sa revue, il lui cédera toujours le côté de la troupe.

Après avoir passé devant le front du régiment, l'inspecteur général ordonnera au colonel de faire rompre par compagnie.

Les compagnies seront formées sur un rang, les officiers, les sous-officiers et les caporaux à la droite, les soldats à leur numéro de contrôle annuel; le grand et le petit état-major, ainsi que la compagnie hors rang, se réuniront à la droite du régiment.

L'officier d'habillement pour l'état-major et la compagnie hors rang, les capitaines pour leurs compagnies, remettront successivement la feuille d'appel à l'inspecteur général.

L'inspecteur général fera lui-même l'appel des officiers; il fera faire celui des sous-officiers, des caporaux et des soldats par les sergents-majors, qui se tiendront en arrière du rang formé par la compagnie, et à hauteur de l'inspecteur général.

Pendant le temps que durera la revue d'une compagnie, cette compagnie sera au port d'armes; les autres seront reposées sur les armes, et garderont le silence.

Le colonel, le lieutenant-colonel, le major, les chefs de bataillon et les capitaines pour les bataillons et les compagnies qu'ils commandent, le trésorier, l'officier d'habillement et le chirurgien-major accompagneront l'inspecteur général.

L'inspecteur général, après avoir constaté l'effectif des hommes, examinera le corps dans son ensemble et dans toutes ses parties; il s'assurera qu'aucune innovation n'a été introduite dans les détails constitutifs de son organisation; que les grades sont indiqués par les insignes prescrits, et que les sous-officiers et caporaux postiches, s'il en existe, ne portent pas les marques distinctives du grade ou de l'emploi dont ils remplissent provisoirement les fonctions.

ART. 3.

Il examinera individuellement les officiers, les sous-officiers, les caporaux et les soldats, et s'assurera si, dans l'habillement et l'équipement des officiers ou de la troupe, on n'a pas introduit des objets de fantaisie, et si l'on a exécuté strictement les dispositions prescrites par les règlements et les décisions ministérielles en ce qui concerne les infractions dans la tenue.

Il devra s'assurer également que la tenue des officiers de santé est conforme en tous points aux prescriptions réglementaires.

Si des innovations et changements s'étaient introduits abusivement dans la tenue, il ordonnerait immédiatement les rectifications nécessaires en mettant les dépenses que cette mesure entraînerait à la charge de qui de droit.

Quand la revue est terminée, l'inspecteur général fait défiler le régiment devant lui.

ART. 4.

L'inspecteur général pourra, lorsqu'il le jugera convenable, se faire accompagner par le colonel ou le commandant de la portion de corps pour l'inspection des divers détachements. Il pourra aussi, pour assurer la régularité de l'administration, appeler momentanément, du lieu où se trouve le conseil d'administration, le major et l'un des officiers comptables ou chargés des détails. Ces officiers recevront une feuille de route portant indemnité.

IIe SECTION.

EXAMEN DES CATÉGORIES.

Sous-officiers, caporaux et soldats proposés pour la réforme.

(Instruction du ministre de la guerre, du 3 mai 1844, appliquée aux corps de la marine par une circulaire ministérielle du 31 août suivant.)

ART. 5.

L'inspecteur général se fera remettre toutes les pièces propres à l'éclairer sur la position des sous-officiers, des caporaux et des soldats qui lui seront signalés comme incapables de servir et susceptibles d'être réformés.

S'il reconnaît, d'après les certificats, rapports ou autres documents authentiques constatant la date, l'origine et les circonstances des blessures ou des infirmités qui motiveront la réforme, que ces blessures ou infirmités rentrent dans les cas prévus par le paragraphe 7° de l'article 13 de la loi du recrutement, il fera procéder, en sa présence, à la contre-visite des militaires dans cette position.

Cette contre-visite sera faite par deux officiers de santé que désignera l'inspecteur général parmi ceux qui sont attachés aux hôpitaux de la marine.

Si les officiers de santé déclarent que le militaire contre-visité est *hors d'état de faire jamais un service actif*, il sera réformé par l'inspecteur général, qui ordonnera, en conséquence, de lui délivrer immédiatement *un congé de réforme modèle n° 1*.

Quant aux militaires dont les blessures ou les infirmités proviendraient de causes antérieures à l'incorporation ou étrangères au service, et qui, par conséquent, seraient susceptibles de recevoir des *congés de réforme modèle n° 2*, ils seront renvoyés, avec les certificats constatant la visite qu'ils auront subie au corps, devant la commission spéciale du département où se trouvera le corps ou la portion du corps dont font partie lesdits militaires.

Les militaires dont l'inspecteur général aura prononcé la réforme seront portés sur l'état n° 2 du livret d'inspection.

Congés temporaires.

ART. 6.

Les sous-officiers, les caporaux et les soldats présentés comme impropres au service pour des maladies ou infirmités offrant des chances de guérison recevront, à titre de convalescence, des congés temporaires, dont l'inspecteur général déterminera la durée, mais qui ne pourront, dans aucun cas, dépasser six mois.

Tout congé temporaire, de quelque nature qu'il soit, devra indiquer, à l'avenir, la date précise de la libération du militaire auquel il est accordé, afin que les autorités locales soient toujours à même de reconnaître, dans le cas de renvoi anticipé, ceux des militaires en position régulière d'absence auxquels la mesure pourrait s'appliquer.

Militaires réformés proposés pour une gratification renouvelable.

(Décision impériale du 26 février 1857.)

ART. 7.

L'inspecteur général pourra proposer pour une gratification

renouvelable les sous-officiers, les caporaux et les soldats qui auront été réformés pour blessures reçues ou infirmités contractées en campagne, mais n'ayant pas une gravité suffisante pour donner droit à la pension viagère, attribuée seulement, par l'article 14 de la loi du 11 avril 1831, aux blessures et infirmités graves et incurables qui mettent pour toujours le militaire hors d'état de pourvoir à sa subsistance.

Les infirmités contractées sous les drapeaux, hors des conditions d'origine spécifiées par la décision précitée du 26 février 1857, donneront lieu à des propositions pour un secours éventuel, lorsque la position des réformés, la nature de leurs infirmités ou la durée de leurs services les rendront susceptibles d'obtenir une récompense.

Les propositions pour la gratification de réforme renouvelable seront établies conformément aux prescriptions de la dépêche du ministre de la marine, en date du 2 mars 1857, insérée au *Bulletin officiel*, page 160.

L'inspecteur général s'abstiendra de fixer, dans ses propositions, la quotité des gratifications de réforme, laquelle ne peut, dans aucun cas, excéder les fixations réglementaires, savoir :

Pour l'adjudant sous-officier	280f
—— le sergent-major ou maréchal des logis chef	230
—— le sergent ou maréchal des logis	205
—— le caporal ou brigadier	190
—— le soldat	180

Examen des hommes de recrue.

ART. 8.

L'inspecteur général se fera présenter les hommes de recrue arrivés au corps depuis la dernière inspection, et ceux qui, étant arrivés antérieurement, ne s'y seraient pas trouvés à cette époque.

Ces hommes seront classés ainsi qu'il suit :

Jeunes soldats appelés.

ART. 9.

L'inspecteur général examinera la taille et la conformation

des hommes, pour juger de leur aptitude au service de l'arme et faire, d'après cet examen, les rapports ou propositions qu'il croira dans l'intérêt du service.

Remplaçants.

ART. 10.

La loi du 26 avril 1855 (article 10) dispose que le mode de remplacement établi par la loi du 21 mars 1832 est supprimé, si ce n'est entre frères, beaux-frères et parents jusqu'au 4e degré, et aux termes de l'article 70 du décret du 9 janvier 1856, portant règlement d'administration publique pour l'exécution de la loi du 26 avril, il est statué sur ces remplacements par les conseils de révision.

Ainsi, toutes les dispositions antérieures à cette dernière loi et relatives au remplacement dans les corps sont abrogées, et elles ont dû cesser d'être appliquées à partir du 1er janvier 1856.

L'inspecteur général aura, en conséquence, à examiner si, contrairement à la nouvelle législation, les conseils d'administration des corps auraient reçu des actes de remplacement même entre parents jusqu'au quatrième degré. Dans le cas où des faits de cette nature se seraient produits, il devra en rendre compte au ministre (*direction du personnel : bureau des corps organisés et de la justice maritime*).

Militaires exonérés.

ART. 11.

L'inspecteur général se fera représenter les actes constatant les exonérations prononcées par les conseils d'administration des corps.

Il s'assurera que les prescriptions de l'article 8 de la loi du 26 avril 1855, des articles 43 et 44 du décret réglementaire du 9 janvier 1856 et des paragraphes numérotés 19 à 26 de l'instruction ministérielle du 26 du même mois, ont été strictement observées.

Engagés volontaires.

ART. 12.

Les engagés volontaires forment deux catégories, ceux qui se sont engagés conformément aux dispositions de la loi du 21 mars 1832 et ceux qui ont contracté des engagements volontaires après libération dans les conditions de la loi du 26 avril 1855. Ceux-ci ont seuls droit aux allocations déterminées par l'article 12 de cette dernière loi.

L'inspecteur général s'assurera que les actes d'engagement sans prime comme les actes d'engagement après libération ont été contractés légalement et en conformité des modèles annexés à l'ordonnance du 15 janvier 1837 et au décret du 9 janvier 1856.

Les dispositions des n°s 97, 98 et 100 de l'instruction du 4 mai 1832, relatives aux engagés volontaires reconnus impropres à toutes les armes, soit à leur arrivée au corps, soit postérieurement, pour des causes étrangères au service, se trouvant abrogées par l'instruction du 3 mai 1844, les engagés, dans ce cas, devront recevoir l'application des mesures prescrites par cette dernière instruction, en ce qui concerne les congés de réforme n° 2, et rappelées dans l'article 5 ci-dessus. (Voir *Bulletin officiel de la marine*, 1er semestre, 1856, p. 177.)

Rengagés.

ART. 13.

L'inspecteur général se fera rendre compte du nombre des rengagements qui auront été contractés dans le corps depuis la dernière inspection générale, et s'assurera que les dispositions de la décision impériale du 19 mars 1853 (*Journal militaire*, 1er semestre, 1853, p. 179) ont été exécutées à l'égard des militaires non admis à se rengager.

Il examinera si les militaires rengagés ont l'aptitude nécessaire pour faire un bon service.

La distinction établie ci-dessus par l'article 12 pour les engagés volontaires existe également pour les rengagés; les uns sont rengagés suivant les formes et sous les conditions de la loi du 21 mars 1832; les autres ont été admis à contracter des rengagements donnant droit aux avantages accordés par la loi du 26 avril 1855.

L'inspecteur général vérifiera si les prescriptions de l'ordonnance du 15 janvier 1837 et du décret du 9 janvier 1856, relativement à la forme dans laquelle ces actes doivent être reçus, ont été strictement appliquées.

Examen des hommes venus d'autres corps.

ART. 14.

L'inspecteur général se fera présenter les hommes venus d'autres corps pour quelque motif que ce soit, les ordres en vertu desquels ils ont été admis, et se fera rendre compte de leur conduite depuis leur arrivée. Il fera dresser un état nominatif de ceux qui auraient une mauvaise conduite, ou qui seraient impropres au service de l'arme.

Cet état sera envoyé au ministre de la marine, avec un rapport détaillé auquel seront joints le certificat des officiers de santé, le relevé des masses et celui des punitions.

Examen des hommes provenant des pénitenciers militaires et des ateliers de condamnés au boulet et aux travaux publics.

ART. 15.

L'inspecteur général se fera rendre un compte détaillé de la conduite tenue par les militaires provenant des compagnies de discipline ou ayant subi, dans les établissements pénitentiaires, une condamnation à l'emprisonnement, au boulet ou aux travaux publics, quelle que soit la date de cette condamnation. Un rapport spécial sera adressé au ministre (*bureau des corps organisés et de la justice maritime*) au sujet des hommes de cette catégorie qui seraient retombés dans de nouvelles fautes.

Examen des hommes qui ont obtenu des congés temporaires.

ART. 16.

L'inspecteur général s'assurera si les militaires qui ont obtenu des congés limités sont rentrés à l'expiration de leurs congés, et si l'on a fait les poursuites nécessaires contre ceux qui seraient encore en retard de rejoindre.

Examen des hommes ayant droit à leur libération du service.

ART. 17.

Les hommes à libérer dans le cours de l'année seront présentés à l'inspecteur général, ainsi que les engagés volontaires dont le temps de service expire dans le cours de l'année suivante. Leurs droits à la libération du service actif seront vérifiés suivant les règles établies dans l'instruction du 3 décembre 1818 (*Journal militaire*, page 469), et d'après les dispositions de la circulaire du 1er septembre 1833, explicative de l'article 42 de la loi du 21 mars 1832 (*Journal militaire*, p. 123).

Nul ne pourra être libéré définitivement qu'à l'expiration du temps de service réglé par la loi.

ART. 18.

Les militaires libérés du service ne peuvent être admis à contracter des engagements volontaires, en conformité de la loi du 26 avril 1855, que sur la production d'un certificat de bonne conduite délivré par le corps où ils ont servi en dernier lieu (article 53 du décret du 9 janvier 1856 et modèle n° 12 qui s'y trouve annexé).

L'inspecteur général devra donc recommander expressément d'apporter la plus grande réserve dans la délivrance de ce certificat, qui n'est dû qu'aux militaires dont les punitions n'ont eu pour motif rien qui blesse l'honneur ou qui annonce l'indiscipline ou l'inconduite habituelle. Ce certificat, dont le modèle est annexé à la circulaire du 13 juillet 1838 (*Journal militaire*, p. 18), indiquera si le sous-officier, caporal ou soldat, est réellement en état de reprendre du service, et s'il est célibataire, marié ou veuf, avec ou sans enfants.

L'inspecteur général ne perdra pas de vue les explications que contiennent, à l'égard des certificats de bonne conduite, les circulaires des 16 mars 1839 (*Journal militaire*, p. 97) et 26 juillet 1853 (*Journal militaire*, p. 39); il s'assurera qu'elles servent de règle aux conseils d'administration chargés d'établir ces certificats, et qu'en conséquence ils sont toujours délivrés aux militaires libérés comme sous-officiers, caporaux ou soldats de 1re classe. Toutefois, il fera connaître aux conseils d'administration que, dans le cas où l'un des militaires dont il s'agit se trouverait, lors de sa libération, dans une position telle qu'ils ne jugeraient pas possible de lui délivrer un certificat de moralité, ils devront en référer au ministre qui décidera.

Afin d'empêcher l'abus, et surtout le commerce frauduleux auquel ont souvent donné lieu les *duplicata* ou les copies de certificats de bonne conduite que doivent produire les anciens militaires qui désirent contracter un engagement, l'inspecteur général n'oubliera pas de rappeler aux conseils d'administration qu'il leur est expressément défendu de délivrer de doubles pièces de cette nature (circulaire du 7 mai 1838, *Journal militaire*, p. 599).

Il fera connaître également aux conseils d'administration et aux chefs de corps qu'il ne doit être délivré par eux aux hommes congédiés aucune attestation particulière de bon service ou de moralité, sous quelque forme et en quelques termes que ce soit, et que les signataires de toutes pièces de cette nature seraient punis, lorsqu'elles parviendraient avec les réclamations des intéressés.

Examen des hommes qui demandent à se rengager.

ART. 19.

L'inspecteur général autorisera le rengagement des sous-officiers, des caporaux et des soldats qui, étant dans le cours de leur dernière année de service, manifesteront l'intention de rester sous les drapeaux au delà du temps prescrit par la loi, s'il trouve d'ailleurs dans leur conduite passée et dans leur aptitude physique toutes les conditions désirables.

Il accueillera les demandes des sous-officiers, des caporaux ou des soldats qui ne voudraient se ranger que pour servir dans un autre corps de la marine. Les sous-officiers et les caporaux ne pourront être autorisés à se rengager pour un autre corps qu'autant qu'ils produiront un certificat délivré par le chef de ce corps, pour constater qu'il peut disposer en leur faveur d'un emploi vacant de leur grade. Le certificat restera déposé pendant un an dans les archives du corps que le militaire aura quitté.

ART. 20.

L'inspecteur général comprendra, au nombre des militaires auxquels il sera accordé des congés, ceux qui, ayant contracté un rengagement dans le courant de l'année, manifesteraient le désir de revoir leurs parents. Si le rengagement ne peut avoir lieu qu'après la revue d'inspection générale, les préfets maritimes seront autorisés à accorder, à ceux des militaires qui se trouveront dans ce cas, des congés temporaires dont la durée ne pourra dépasser six mois.

Propositions pour les vétérans.

ART. 21.

Les sous-officiers, les caporaux ou les soldats qui, *étant hors d'état de continuer à servir activement*, seront reconnus susceptibles de faire un bon service sédentaire, pourront, *sur leur demande*, être proposés pour les vétérans, s'ils justifient de *quinze ans* au moins de présence sous les drapeaux, ainsi qu'il est exigé par l'ordonnance du 10 décembre 1834, et par l'article 400 de l'ordonnance du 16 mars 1838. Il ne pourra être dérogé à cette condition que lorsqu'il aura été constaté que les infirmités dont le militaire est atteint proviennent *d'un fait de service*.

L'admission dans les vétérans étant une récompense, l'inspecteur général consultera les livres de punitions, et ne proposera pour cette destination que les militaires ayant, sous tous les rapports, une conduite exempte de reproches. L'état sur lequel ils seront portés devra être accompagné, pour chaque militaire, d'un état de service, d'un relevé des punitions, ainsi que des certificats de visite et de contre-visite constatant l'inaptitude au service actif. Les caporaux, les soldats et les clairons ne peuvent être envoyés que comme fusiliers dans les compagnies de fusiliers.

Dans tous les cas, l'inspecteur général ne proposera pour les vétérans aucun sous-officier, caporal, soldat ou clairon marié ou veuf avec enfants. Les militaires proposés attendront au corps la décision du ministre.

Les prévisions du budget nécessitant une réduction dans l'effectif des compagnies de sous-officiers vétérans, il ne sera pas fait de propositions de ce genre jusqu'à nouvel ordre.

Propositions pour la gendarmerie maritime et la gendarmerie coloniale.

ART. 22.

L'inspecteur général désignera, parmi les sous-officiers, les caporaux et subsidiairement parmi les soldats qui manifesteront le désir d'être admis dans la gendarmerie maritime et la gendarmerie coloniale, ceux qui paraîtront le plus susceptibles de servir utilement dans ces armes.

Les conditions pour y être admis sont: 1° d'être âgé de vingt-cinq ans au moins, et de quarante au plus; les anciens gendarmes, seuls, peuvent être réadmis jusqu'à quarante-cinq ans: toutefois, nul ne doit être proposé s'il est trop âgé pour pouvoir compléter, à soixante ans, le temps de service exigé pour la retraite; 2° d'avoir au moins la taille d'un mètre 700 millimètres pour la gendarmerie à pied, et d'un mètre 720 millimètres pour la gendarmerie à cheval; 3° d'avoir servi activement sous les drapeaux pendant trois ans au moins; 4° de savoir lire et écrire correctement, et d'avoir une conduite éprouvée, exempte de reproches.

L'inspecteur général, après s'être assuré par lui-même que les hommes qui lui sont présentés pour être admis dans la gendarmerie maritime et la gendarmerie coloniale réunissent toutes les conditions mentionnées ci-dessus, les portera sur l'état de proposition compris au livret première partie. A cet état devront être joints, pour chaque militaire proposé, un relevé complet et détaillé des services, le relevé des punitions subies au corps, celui du compte de la masse individuelle, une demande spéciale d'admission dans la gendarmerie, écrite *en présence de l'inspecteur général* par chacun des militaires désignés, et l'acte de naissance de chaque candidat.

L'inspecteur général rappellera aux chefs de corps une décision ministérielle du 24 mars 1852, insérée au *Journal militaire*, qui met à leur charge les frais de route et d'entrée en solde des militaires proposés par eux pour la gendarmerie, et qui sont reconnus, après leur admission dans l'arme, incapables ou indignes d'en faire partie.

Les adjudants sous-officiers et les sergents-majors qui se présenteront pour servir dans la gendarmerie maritime ou la gendarmerie coloniale, et qui, indépendamment des conditions exigées pour y être admis, compteront au moins un an d'exercice dans leur emploi, pourront être proposés pour le grade de brigadier de gendarmerie, s'ils sont reconnus avoir la capacité et l'esprit de conduite nécessaires pour ces importantes fonctions.

Les militaires qui jouissent des primes et hautes payes d'engagement et de rengagement accordées par la loi du 26 avril 1855, et qui sont susceptibles d'être proposés pour la gendarmerie, devront être prévenus que lesdites allocations continueront de leur être payées après leur passage dans cette arme.

Les sous-officiers, les caporaux ou les soldats proposés pour être admis dans la gendarmerie maritime et la gendarmerie coloniale attendront à leur corps qu'il leur soit assigné des destinations par le ministre de la marine

Le montant de leur masse individuelle et le relevé de leurs services seront envoyés directement aux conseils d'administration des compagnies de gendarmerie dans lesquelles ils seront nommés.

Dans les colonies, l'inspecteur général est autorisé à prononcer l'admission provisoire dans les compagnies de gendarmerie coloniale des candidats réunissant les conditions exigées.

Changements de corps.

ART. 23.

Les propositions de changement de corps, en faveur des sous-officiers, des caporaux ou des soldats, doivent être soumises à l'officier général chargé d'inspecter le corps dont fait partie le militaire que la proposition concerne.

Ces changements de corps ne peuvent être autorisés qu'autant que la proposition est appuyée :

1° Du consentement des deux chefs de corps;

2° D'un relevé du registre des punitions, donnant à connaître que le militaire a une bonne conduite;

3° D'un état indiquant que sa masse individuelle est complète.

Si le militaire est sous-officier ou caporal, on doit produire, en outre, un certificat du chef du corps dans lequel il désire passer, constatant qu'il lui est réservé, dans ce corps, un emploi vacant de son grade. S'il s'agit de l'envoyer dans un corps du département de la guerre qui a des bataillons en Afrique, il ne peut y passer que comme simple soldat, attendu qu'aux termes de l'article 94 de l'ordonnance du 16 mars 1838, toutes les vacances de sous-officier et de caporal qui surviennent dans les corps placés dans cette position sont exclusivement réservées aux militaires de la portion du corps où les vacances ont lieu.

Toutes les demandes qui ne seraient pas accompagnées des pièces mentionnées ci-dessus seront rejetées.

ART. 24.

L'inspecteur général prononcera définitivement sur les propositions régulières qui lui seraient soumises en faveur des militaires des régiments d'infanterie de marine présentés pour passer dans d'autres régiments ou dans d'autres portions de corps de la même arme. Lorsqu'il prescrira une mutation de cette nature, il en informera immédiatement le préfet maritime de l'arrondissement ou le gouverneur de la colonie où se trouve la portion de corps dans laquelle passe le militaire, afin qu'il soit donné des ordres pour l'incorporation.

Les relevés de service, ceux de punitions et l'état de la masse des militaires dont l'inspecteur général aura ordonné le changement, seront envoyés directement à leur nouveau corps.

L'inspecteur général statuera également sur les demandes régulières de permutation qui lui seront présentées pour des sous-officiers ou des caporaux appartenant les uns et les autres à des corps de la marine et de la même arme.

Ces changements, ne pouvant avoir lieu que pour convenance personnelle, *ne donneront pas droit à l'indemnité de route.*

ART. 25.

Quant aux demandes qui seraient faites par des sous-officiers, caporaux ou soldats, pour passer dans des corps de la marine d'une autre arme que celle dont ils font partie, ou dans des corps du département de la guerre, l'inspecteur général se bornera à adresser au ministre des états de proposition, auxquels il joindra toutes les pièces indiquées ci-dessus, après s'être assuré d'ailleurs que les militaires proposés réunissent les conditions d'admission exigées par les ordonnances d'organisation des corps dans lesquels ils demandent à entrer.

ART. 26.

L'inspecteur général n'accueillera d'ailleurs les demandes de changement de corps qui lui seront présentées qu'avec une extrême réserve, et dans le cas seulement où il ne pourra en résulter aucun inconvénient pour le service.

ART. 27.

L'inspecteur général préviendra les chefs de corps que, dans l'intervalle d'une inspection générale à l'autre, les changements de corps ne pourront avoir lieu que d'après l'autorisation du ministre.

Examen des nominations de sous-officiers et de caporaux faites depuis la dernière inspection générale.

ART. 28.

L'exécution rigoureuse des prescriptions établies par les lois et instructions en vigueur pour régler les conditions de l'avancement aux premiers grades de la hiérarchie militaire, et prévenir les empiétements de la faveur ou de l'arbitraire, ne saurait être surveillée avec trop d'attention, ni maintenue avec trop de sévérité. L'inspecteur général se fera présenter les sous-officiers et caporaux nommés depuis la dernière inspection ; il examinera s'ils ont été choisis sur le tableau d'avancement, ou, *en cas d'insuffisance*, sur des tableaux supplémentaires approuvés par le préfet maritime ou le gouverneur. Il s'assurera d'ailleurs si les candidats réunissaient toutes les conditions voulues par la loi au moment de leur nomination, et si l'on s'est conformé, tant pour leur inscription au tableau d'avancement que pour leur promotion, à l'ordonnance du 16 mars 1838 et à la circulaire du 12 février 1849, faisant application de la décision du ministre de la guerre, du 27 octobre 1834, à l'avancement des sous-officiers et caporaux *à la suite*.

Il s'assurera que les militaires nommés à des emplois de fourrier ou de sergent-major, depuis la dernière inspection, en vertu de la latitude laissée par la décision ministérielle du 5 septembre 1853 aux majors généraux, chargés de passer les revues trimestrielles, remplissaient toutes les conditions nécessaires d'ancienneté de grade et d'aptitude pour exercer ces emplois.

Il rappellera particulièrement aux chefs de corps que l'article 16 de l'ordonnance du 16 mars 1838 doit être entendu dans ce sens, qu'un sergent-fourrier ne peut être promu sergent-major qu'autant qu'il a exercé titulairement l'emploi de sergent de section pendant trois mois au moins.

Dans le cas où il reconnaîtrait que toutes les conditions exigées n'ont pas été exactement remplies pour la nomination de quelques sous-officiers ou caporaux, cette nomination sera nulle de plein droit, et il en sera rendu compte immédiatement au ministre de la marine.

Enfin il vérifiera si, en exécution de l'article 26 de l'ordonnance du 16 mars 1838, les sous-officiers et caporaux détachés pour un service spécial, par ordre du ministre de la marine, continuent à compter dans les cadres de leur compagnie, et si les caporaux-fourriers, les sergents-fourriers, les sergents-majors et les adjudants sous-officiers qui se trouvent dans ce cas ont été remplacés dans leur emploi, et comptent à leur corps, savoir : les caporaux-fourriers comme caporaux et les autres comme sergents.

Il assurera immédiatement l'exécution de ces dispositions, s'il reconnaît que les chefs de corps ne s'y sont pas conformés en tous points, et il se fera rendre compte des titres à l'avancement que les sous-officiers et caporaux détachés pour un service spécial et maintenus sur les contrôles du corps ont pu acquérir dans cette position exceptionnelle où ils sont trop souvent oubliés.

ART. 29.

L'inspecteur général appellera l'attention des chefs de corps sur le grave inconvénient qui peut résulter d'un trop grand nombre de sous-officiers ou de caporaux appartenant à la même classe de recrutement, et leur fera remarquer qu'il peut être obvié à cet inconvénient en combinant les nominations de manière qu'il n'y ait pas un trop grand nombre de vacances par l'effet de la libération.

Il prescrira le dépôt aux archives du corps, au fur et à mesure des promotions, de l'acte de naissance des caporaux nommés au grade de sous-officier (cette pièce peut être établie sur papier libre).

Examen des suspensions et des cassations prononcées depuis la dernière inspection générale, ainsi que des rétrogradations volontaires.

ART. 30.

L'inspecteur général examinera le motif des suspensions et des cassations de sous-officier ou de caporal qui auront été prononcées depuis la dernière inspection générale, et s'assurera que toutes les formalités, et notamment celles prescrites par les articles 289 et 290 de l'ordonnance du 2 novembre 1833, sur le service intérieur, la circulaire ministérielle du 20 janvier 1853, interprétative du décret impérial du 14 du même mois, qui rapporte l'arrêté du 13 juin 1848, la décision impériale du 7 avril 1853 et les décisions du ministre de la marine des 23 mai et 13 juin 1854, ont été exactement observées (*Bulletin officiel de la marine*, p. 696 et 826).

L'inspecteur général examinera, en outre, si l'inscription de ces suspensions, rétrogradations ou cassations, a été faite sur les registres matricules, conformément à la circulaire du 25 septembre 1833; si des contraventions avaient eu lieu, il les ferait connaître au ministre par un rapport particulier.

Il s'assurera également que les prescriptions de la décision ministérielle du 6 septembre 1843 (*Journal militaire*, p. 210) ont été suivies à l'égard des rétrogradations volontaires.

Examen des soldats proposés pour la compagnie de discipline.

ART. 31.

L'inspecteur général fera amener devant lui les hommes dont la présence au corps lui serait signalée comme dangereuse pour la discipline, et ceux qui lui auraient été désignés comme s'étant mutilés volontairement ou comme simulant des infirmités dans l'intention coupable de se soustraire au service militaire.

Il interrogera les premiers pour s'assurer que tous les moyens de répression disciplinaire, y compris la détention pendant soixante jours, dans un fort ou dans une prison militaire, ont été tous infructueux, et il examinera si les plaintes formulées sont en rapport avec le relevé des punitions; quant aux seconds, il les fera visiter et contre-visiter avec soin par les officiers de santé, et vérifiera par lui-même si leurs blessures ou leurs infirmités paraissent provenir de leur fait.

Lorsque l'inspecteur général aura reconnu fondée la plainte portée contre un homme placé dans une des positions qui viennent d'être indiquées, il enverra cet homme devant le conseil de discipline institué par l'ordonnance du 1er avril 1818; et, d'après l'avis de ce conseil, il pourra le faire diriger sur la compagnie de discipline (1).

Il informera immédiatement le préfet maritime de l'arrondissement où se trouve la compagnie de discipline, et rendra en même temps compte au ministre des mesures qu'il aura prises à cet égard, en adressant (*direction du personnel, bureau des corps organisés et de la justice maritime*) l'avis du conseil de discipline avec toutes les pièces qui doivent y être jointes. Il devra se conformer, d'ailleurs, à toutes les dispositions contenues dans la circulaire ministérielle du 28 décembre 1850 (*Journal militaire*, 2e semestre, 1851, page 451).

(1) Les mutilés volontaires et ceux qui simulent des infirmités devront être désignés pour la section de pionniers.

Comme il importe de n'employer ce moyen de rigueur qu'avec la plus grande circonspection, l'inspecteur général recommandera au chef de corps de ne provoquer cette mesure que pour des cas très-graves, et seulement lorsqu'il lui sera bien démontré qu'il n'est plus possible d'en différer l'emploi.

L'inspecteur général pourra d'ailleurs user lui-même, s'il y a lieu, de la faculté qu'accorde le 6e paragraphe de l'article 314 de l'ordonnance du 2 novembre 1833, sur le service intérieur, et infliger au soldat une détention de deux mois dans un fort ou dans une prison militaire.

L'inspecteur général se fera rendre compte du nombre d'hommes envoyés à la compagnie de discipline depuis la dernière inspection générale, et prendra connaissance des avis motivés des conseils de discipline.

Fanfares; musiciens.

ART. 32.

L'inspecteur général portera son attention sur la musique du régiment d'artillerie de la marine, qui est organisée d'après les dispositions du décret du 16 août 1854 et du règlement du 25 août suivant (*Journal militaire*, 2e semestre, 1854, p. 282-284), appliqués aux musiques de la ligne par la décision impériale du 5 mars 1855 (*Journal militaire*, 1er semestre, 1855, p. 158), et à celle du régiment d'artillerie de la marine par le décret du 5 juin 1855 (*Bulletin officiel de la marine*, 1er semestre, 1855, p. 295).

Il s'assurera de l'aptitude et de la conduite des musiciens, et vérifiera si le cadre des musiciens de 1re, 2e et 3e classes est conforme aux prescriptions réglementaires, et si le nombre des élèves ne dépasse pas le chiffre déterminé par l'article 10 du règlement du 25 août 1854. Il établira le tableau spécial d'avancement mentionné à l'article 3 du même règlement.

Le décret constitutif du 31 août 1854, en substituant des fanfares aux musiques dans les régiments d'infanterie de la marine, a déterminé l'organisation de leur personnel pour les dépôts des régiments en France, en n'assignant aux colonies qu'un sergent chef de fanfare.

L'inspecteur général, après s'être assuré que les dispositions du décret du 31 août 1854 ont été régulièrement suivies, se fera représenter l'état des appointements ou primes accordés aux musiciens; il le visera et en indiquera le montant dans son rapport d'ensemble.

Le nombre des élèves musiciens, fixés à deux par compagnie, ne devra être dépassé dans aucun cas. L'inspecteur général fera connaître le degré d'instruction de ces élèves, et donnera des ordres pour que les chefs de fanfare s'occupent activement de former des sujets en vue du recrutement des fanfares.

Enfants de troupe.

ART. 33.

Les ordonnances d'organisation des régiments d'artillerie et d'infanterie de la marine fixent le nombre des enfants de troupe qui peuvent être admis dans ces corps.

L'inspecteur général vérifiera si tous sont inscrits sur les registres matricules; s'il n'en a pas été reçu avant l'âge de deux ans, ou maintenu en cette qualité après l'âge de dix-huit ans, et si leur admission a eu lieu conformément à l'ordonnance du 14 avril 1832 et aux instructions ministérielles.

Il prononcera sur les demandes qui lui seraient faites pour les enfants des sous-officiers, caporaux et soldats, dans la limite réglementaire, et en référera au ministre pour les enfants des officiers ou des personnes étrangères au corps.

Il recommandera l'exécution des mesures indiquées par la décision du 20 juillet 1832 (*Journal militaire*, page 35), et, s'il reconnaissait que des infractions eussent été commises, il les signalerait au ministre.

La tenue des enfants de troupe et la direction donnée à leur éducation réclament de la part des chefs de corps une surveillance assidue et une sollicitude toute paternelle. L'inspecteur général s'assurera que toutes les dispositions prescrites à cet égard ont été strictement observées.

Aux termes de l'ordonnance du 14 avril 1832, les enfants de troupe, dès qu'ils ont atteint leur quatorzième année, sont tenus de servir comme clairons, trompettes ou musiciens; une ordonnance du 10 juillet 1837 (*Journal militaire*, page 15) détermine que ces enfants pourront, en outre, être employés soit dans les bureaux des officiers comptables, soit dans les ateliers du corps.

L'inspecteur général vérifiera si ces prescriptions reçoivent leur exécution, et, les exigences du service étant satisfaites en ce qui concerne les clairons ou les musiciens, il désignera, pour être employés dans les bureaux des officiers comptables ou dans les ateliers du corps, ceux des enfants de troupe qui lui auront été signalés comme les plus méritants. Les enfants de troupe âgés de quatorze ans qui se refuseraient à servir de la manière qui vient d'être indiquée cesseraient immédiatement de faire partie du corps.

Les dispositions de la présente instruction, relatives aux changements de corps des sous-officiers, des caporaux et des soldats, sont applicables aux enfants de troupe.

ART. 34.

L'inspecteur général se fera rendre compte de la manière dont les enfants de troupe sont surveillés. S'il n'est pas satisfait des renseignements qu'il aura recueillis à cet égard, il rappellera au chef de corps que le bien-être de ces enfants réclame toute sa sollicitude; qu'il doit leur faire suivre les cours des écoles régimentaires dès qu'ils sont en âge d'en profiter, et les soumettre d'ailleurs à des règles de discipline qui les préservent de l'oisiveté et des mauvais penchants qui en sont la suite; enfin que leur avenir dépend des soins avec lesquels leur instruction sera dirigée.

Vivandières et blanchisseuses.

ART. 35.

L'ordonnance du 14 avril 1832 ayant déterminé le nombre des femmes qui peuvent être attachées à chaque corps comme vivandières ou blanchisseuses, l'inspecteur général s'assurera que, conformément à l'article 7 de cette ordonnance, le conseil d'administration, présidé par le chef de corps (décision du 20 janvier 1845, *Journal militaire,* page 34), n'a pas accordé de permission de mariage ayant pour résultat de dépasser le complet, et que, d'après l'instruction du 18 avril 1832 (*Journal militaire*, page 284), les femmes excédant le nombre fixé ont cessé d'être logées dans les bâtiments militaires et de participer aux fournitures de couchage.

Une décision ministérielle du 10 septembre 1839 (*Journal militaire*, p. 235) s'oppose formellement à ce que des femmes de sous-officiers soient désormais autorisées à exercer dans les corps la profession de blanchisseuse ou de vivandière : cette disposition ne saurait avoir d'effet rétroactif, mais il en résulte que tout caporal dont la femme est employée comme blanchisseuse ou vivandière ne peut être nommé sous-officier qu'après avoir rendu la commission que celle-ci avait obtenue.

L'inspecteur général vérifiera si les prescriptions de la décision précitée ont été observées. Dans le cas contraire, il ferait immédiatement retirer les commissions qui auraient été indûment accordées ou conservées.

Propositions d'admission à la retraite pour cause de blessures ou d'infirmités.

ART. 36.

L'inspecteur général proposera pour la retraite les officiers, les sous-officiers, les caporaux et les soldats qui auront droit à la pension affectée aux blessures ou infirmités, dans les circonstances spécifiées par les articles 12, 13 et 14 de la loi du 11 avril 1831, et par l'ordonnance du 26 janvier 1832, portant règlement d'administration publique.

Il ne perdra pas de vue que le droit exceptionnel à la retraite avant vingt-cinq ans de service, n'est ouvert qu'en faveur des sous-officiers, caporaux et soldats atteints de blessures ou d'infirmités graves et incurables provenant des causes spécifiées par l'article 12 de la loi du 11 avril 1831.

L'incurabilité doit avoir pour conséquence : 1° de mettre le militaire hors d'état de servir, même dans un corps sédentaire; 2° de le priver de la faculté de pourvoir à sa subsistance.

Il est indispensable que l'incurabilité présente ce double caractère; mais il suffit qu'elle soit médicalement présumée et constatée par les officiers de santé pour conclure à l'existence du droit à la retraite, sans considérations étrangères à la loi, telles que la jeunesse du militaire ou le peu de services que celui-ci a pu rendre à l'État.

Pour la garantie des intérêts engagés dans l'instruction des droits à la pension pour cause de blessures ou d'infirmités, il est nécessaire que la déclaration d'incurabilité, la visite et la contre-visite soient faites chacune par des officiers de santé différents : il importe également que le choix des officiers de santé chargés de procéder aux deux dernières opérations soit gradué, autant que possible, de telle sorte que la contre-visite soit confiée aux officiers de santé les plus élevés en grade, afin que ceux d'un grade inférieur, procédant en première instance, avant la manifestation de l'opinion de leurs supérieurs dans la hiérarchie médicale, puissent émettre leur avis en toute indépendance. (Consulter la circulaire du 21 février 1853, *Journal militaire*, 1er semestre, page 132.)

Officiers admissibles à la retraite pour ancienneté de service.

ART. 37.

Les officiers ayant trente ans de service effectif, ou vingt-cinq ans de service effectif et six ans de navigation, ou neuf ans tant de navigation que de service dans les colonies, qui n'auraient pas soit l'instruction, soit les forces physiques nécessaires pour bien remplir leur emploi, ou que leur conduite ne permettrait pas de maintenir en activité, seront mis en demeure de faire valoir leurs droits à la pension de retraite; et, s'ils n'en font pas eux-mêmes la demande, la proposition motivée de l'inspecteur général en tiendra lieu.

L'inspecteur général se fera rendre compte de l'état habituel de santé de tout officier, ayant des droits acquis à la pension de retraite, qui serait aux eaux ou en congé; il vérifiera la durée et la cause des absences de cet officier depuis la dernière inspection générale; et, s'il acquiert la conviction que l'officier est dans l'impossibilité de continuer un service actif, il le proposera *d'office* pour la retraite.

Quant aux officiers qui demanderaient leur retraite pour ancienneté de service, bien que l'âge ou les infirmités n'aient point diminué leur énergie morale et leur force physique, l'inspecteur général devra leur faire sentir qu'il est de leur intérêt de rester sous les drapeaux, et usera de son influence pour les déterminer à ne point persister dans une résolution qui priverait l'État des bons services qu'ils sont encore à même de rendre.

Sous-officiers, caporaux et soldats admissibles à la retraite pour ancienneté de service.

ART. 38.

Les sous officiers, caporaux et soldats étant tenus (article 21 de la loi du 26 avril 1855), quels que soient leur âge et la durée de leurs services, d'accomplir le temps de leur engagement, si, pour une cause quelconque, ils sont dans le cas d'être mis à la retraite avant que ce temps ne soit accompli, l'inspecteur général les proposera d'office; mais il importe que le motif en soit indiqué dans le mémoire de proposition. (Circulaire du 26 janvier 1856, des Pensions.)

Par réciprocité, il proposera ceux qui ont accompli vingt-cinq ans de service et terminé leur engagement.

Forme des propositions pour l'admission à la retraite.

ART. 39.

Toute proposition pour l'admission à la retraite sera établie selon les prescriptions du Manuel des pensions et de la note additionnelle aux instructions sur les revues d'inspection générale (10 mai 1838, *Journal militaire*, pages 580 à 585), laquelle présente des définitions dans le but de faciliter l'application de l'article 23 de la loi du 19 mai 1834, sur l'état des officiers, ou conformément à l'ordonnance du 26 janvier 1832 et aux instructions ministérielles, selon le cas.

L'inspecteur général rejettera ou ajournera les propositions qui ne seraient pas exactement conformes à ces prescriptions, notamment en ce qui touche les campagnes, dont la supputation ne peut être régulièrement établie (surtout pour l'Espagne depuis 1823, la Morée, l'Afrique, la Belgique, Ancône, Rome, etc.) que sur l'indication précise, 1° de l'époque (jour mois et année) où a commencé, pour le militaire proposé, le droit de jouir du bénéfice des articles 7 et 8 de la loi du 18 avril 1831 ; 2° de l'époque à laquelle ce bénéfice a dû cesser.

Les observations de l'inspecteur général sur les motifs de chacune des propositions pour l'admission à la retraite seront consignées sur les états nominatifs.

Congés temporaires aux sous-officiers, caporaux et soldats en instance pour la retraite.

ART. 40.

Les sous-officiers, les caporaux et les soldats proposés pour la retraite seront maintenus au corps jusqu'à ce qu'ils aient reçu du ministre avis de leur admission à la pension. L'inspecteur général pourra toutefois accorder des congés temporaires à ceux de ces militaires qui en feront la demande, et qui se soumettront d'ailleurs à ne réclamer aucun rappel d'arrérages de leur pension pour le temps qui s'écoulera entre la notification qui leur en sera faite et leur radiation des contrôles du corps.

Les sous-officiers, caporaux et soldats qui auront terminé leur engagement seront également maintenus au corps jusqu'à ce qu'ils aient reçu la notification de leur pension, et, s'ils demandent à rentrer dans leurs foyers, ils seront rayés des contrôles du corps à la date de leur départ. Cette date sera constatée dans un certificat de radiation et de cessation de payement qui leur sera remis avec la feuille de route, et il est essentiel qu'elle soit indiquée, en caractères apparents, dans la case du mémoire de proposition destinée à recevoir les observations suggérées par l'instruction des demandes de retraite.

Ces derniers recevront immédiatement la double indemnité de route de leur grade, tandis que ceux qui resteront encore liés au service n'auront droit à cette indemnité que lorsqu'ils auront reçu, dans leurs foyers, la notification de la concession de leur pension de retraite : cette indemnité devra être réclamée, sous peine de déchéance, dans le délai fixé par l'article 21 de l'ordonnance du 20 décembre 1837. Ce délai court du jour de la réception de la notification.

Quant aux sous-officiers, caporaux et soldats admissibles à la retraite pour cause de blessures ou d'infirmités, ils devront attendre à leurs corps respectifs la liquidation définitive de leurs pensions. Cette règle doit être observée d'une manière plus étroite en ce qui les concerne, attendu qu'en matière de pensions à titre de blessures ou d'infirmités, le droit n'est que présumé par la proposition, et il ne résulte que des décisions administratives prises sur l'avis de l'inspecteur général du service de santé de la marine, du conseil d'État et du ministre de la marine.

Propositions d'admission à l'hôtel impérial des invalides.

ART. 41.

L'admission à l'hôtel impérial des invalides devant toujours être précédée de l'obtention de la pension de retraite, il ne sera point fait de mémoire de proposition pour l'admission aux invalides; mais l'inspecteur général désignera particulièrement, sur l'état des propositions pour la pension de retraite, les militaires qui seront dans le cas d'être admis à l'hôtel, et qui désireront y être placés lorsque leur pension sera fixée.

Cette désignation ne devra porter, sauf le cas de blessures très-graves, équivalentes au moins à la perte absolue de l'usage d'un membre, que sur les militaires qui réuniront les conditions prescrites par l'article 14 de la loi du 8 floréal an XI (28 avril 1803), c'est-à-dire sur ceux qui auront perdu un ou plusieurs membres, ou la vue, ou sur ceux qui auront trente années de service effectif et soixante ans d'âge.

Toutefois, l'état et les mémoires de proposition pour la retraite indiqueront le lieu où les ayants droit auraient l'intention de jouir de leur pension, s'ils n'étaient pas admis à l'hôtel.

Réforme des officiers pour infirmités incurables.

ART. 42.

L'inspecteur général proposera pour la réforme, conformément aux articles 9, 10 et 11 de la loi du 19 mai 1834, les officiers qui, n'ayant pas des droits acquis à la pension de retraite, seraient reconnus atteints d'infirmités incurables dont les causes ne rentreraient pas précisément dans les circonstances spécifiées par la loi du 11 avril 1831 pour le droit à la pension de retraite.

La nature de ces infirmités sera constatée néanmoins dans les formes déterminées, en vertu de la loi du 11 avril 1831, par l'ordonnance du 26 janvier 1832, portant règlement d'administration publique.

Leur incurabilité sera prononcée par les officiers de santé à qui la déclaration en est exclusivement attribuée par l'article 3 dudit règlement. Cette déclaration doit précéder les examens prescrits par les articles 10 et 13 du même règlement, et contenir des explications sur le traitement auquel les infirmités auront été préalablement soumises et sur son inefficacité.

Leur gravité doit être telle, qu'il en résulte l'incapacité non-seulement de rester en activité, mais encore d'y rentrer ultérieurement. Cette gravité sera établie et vérifiée par procès-verbaux, dans la forme indiquée par les modèles annexés au règlement précité du 26 janvier 1832, sauf la modification de ce qui, dans ces modèles, se rapporte spécialement à la pension de retraite.

ART. 43.

Les officiers absents de leur corps pour cause de mauvaise santé, au moment de l'inspection, pourront être proposés pour la réforme à titre d'infirmités incurables. L'inspecteur général adressera, à leur égard, un rapport motivé au ministre, et il invitera en même temps le général commandant la division où se trouve l'officier absent de son corps à faire instruire la proposition de réforme conformément à l'article précédent, et à transmettre directement au ministre de la marine et des colonies (*direction du personnel, bureau des corps organisés et de la justice maritime*) le résultat de cette instruction.

Mise en non-activité pour infirmités temporaires.

ART. 44.

L'inspecteur général ne proposera pour la non-activité à titre d'infirmités temporaires, conformément à l'article 5 de la loi du 19 mai 1834, que les officiers qui, ayant été *pendant plus de six mois consécutifs* sans faire leur service pour raison de santé, ne seraient pas en état de servir activement.

Chaque proposition sera accompagnée :

1° D'un rapport du chef de bataillon (ou du major, si la proposition concerne un officier comptable; du lieutenant-colonel, si elle concerne un officier supérieur), qui fera connaître le temps passé soit aux eaux, soit en congé de convalescence, soit à l'hôpital ou à la chambre, par l'officier qui en sera l'objet;

2° D'un rapport détaillé du chef du corps;

3° De certificats de visite et de contre-visite constatant la nature des infirmités et attestant *qu'elles ne sont pas incurables, mais qu'un congé de six mois serait insuffisant pour en obtenir la guérison.* On se conformera, pour l'établissement de ces certificats, aux dispositions des articles 10 et 13 de l'ordonnance du 26 janvier 1832.

La contre-visite aura lieu en présence de l'inspecteur général. Avant de statuer, le ministre prendra l'avis de l'inspecteur général du service de santé, ainsi qu'il est prescrit, pour la réforme et la retraite à titre d'infirmités, par l'article 26 du règlement d'administration publique du 26 janvier 1832.

ART. 45.

L'inspecteur général est d'ailleurs autorisé à proposer pour la non-activité, à titre d'infirmités temporaires, les officiers absents de leur corps au moment de l'inspection qui lui seraient signalés par le chef du corps comme devant être éloignés momentanément du service pour cause de mauvaise santé. Dans ce cas, il transmettra au ministre les pièces indiquées ci-dessus (n°s 1 et 2), et invitera le général commandant la division militaire où se trouve l'officier absent à le faire visiter et contre-visiter, et à adresser directement au ministre de la marine et des colonies (*direction du personnel, bureau des corps organisés et de la justice maritime*) les certificats de visite et de contre-visite.

Réforme des officiers par mesure de discipline.

ART. 46.

La loi sur l'état des officiers indique, articles 12 et 27, les motifs pour lesquels un officier en activité peut être mis en réforme par mesure de discipline, c'est-à-dire exclu définitivement du service : cette réforme ne peut être prononcée que sur l'avis d'un conseil d'enquête, dont la composition et les formes ont été déterminées par une ordonnance du 21 mai 1836, portant règlement d'administration publique, et insérée au *Journal militaire*, page 392.

Lorsqu'un officier sera, pour l'une des causes spécifiées aux articles 12 et 27 précités, dans le cas d'être envoyé devant un conseil d'enquête, l'inspecteur général devra, conformément aux articles 6 et 7 de ladite ordonnance, transmettre au ministre ou au gouverneur de la colonie, suivant le cas, les pièces indiquées dans ce dernier article.

Mise en non-activité par retrait ou suspension d'emploi.

ART. 47.

La loi du 19 mai 1834 n'a point déterminé les causes qui peuvent motiver la mise en non-activité par retrait ou suspension d'emploi, c'est-à-dire *l'exclusion temporaire du service*. Ces causes, nécessairement *moins graves* que celles qui peuvent donner lieu à la réforme, c'est-à-dire à *l'exclusion définitive des rangs de l'armée*, sont laissées à l'appréciation de l'autorité militaire supérieure.

L'inspecteur général ne perdra pas de vue qu'une réprimande faite à propos peut souvent arrêter ceux qui sont entrés dans une mauvaise voie. En conséquence, il réprimandera verbalement les officiers qui ne lui paraîtraient pas dans le cas de recevoir une admonition du ministre, et il en donnera avis au chef de corps par des lettres que celui-ci devra présenter aux officiers généraux qui passeront les premières revues d'inspection trimestrielle ou générale. Mais, si des officiers, par la nature de leurs fautes, ont encouru les reproches du ministre, il en dressera un état nominatif indiquant les faits qui leur sont reprochés.

L'inspecteur général devra examiner, avec beaucoup d'attention, les plaintes qui lui seraient portées sur l'officier, qui, *par inconduite, fautes dans le service,* ou *défaut de capacité pour ses fonctions,* ne pourrait être maintenu en activité. Il fera connaître si, dans son opinion, cet officier doit être mis en non-activité par *retrait d'emploi*, ou en non-activité par *suspension d'emploi.*

L'officier placé dans la dernière de ces positions pouvant rentrer à son régiment avant l'expiration d'une année, l'inspecteur général ne devra proposer, pour être suspendus de leur emploi, que les officiers dont le retour à leur corps pourrait avoir lieu sans inconvénients pour le service ou pour la discipline.

L'inspecteur général se conformera d'ailleurs, relativement aux propositions de mise en non-activité par retrait ou suspension d'emploi, pour inconduite, fautes dans le service ou défaut de capacité, aux dispositions de la décision du 18 septembre 1834 (*Journal militaire,* page 146).

Toute proposition devra être accompagnée des pièces sur lesquelles elle est basée, et du relevé des punitions infligées à l'officier.

IIIe SECTION.

REVUE DE DÉTAIL.

ART. 48.

L'inspecteur général procède à cette revue ainsi qu'il est prescrit par l'ordonnance du 2 novembre 1833, sur le service intérieur.

Examen des livres de détail des compagnies, des livrets du soldat, de la situation des masses individuelles, des effets d'habillement, de grand et de petit équipement.

ART. 49.

L'inspecteur général vérifiera si les livres de détail et les livrets des hommes sont à jour et bien tenus; si les sous-officiers, les caporaux et les soldats sont pourvus de tous les effets qu'ils doivent avoir; si le décompte de masse individuelle est régulièrement fait; si les livrets sont corrects et en concordance avec les matricules, avec les registres de l'officier d'habillement et avec le registre du compte ouvert de la compagnie. Il s'assurera que les livrets ne sont jamais retirés aux hommes, si ce n'est pour faire, *en leur présence*, les inscriptions nécessaires.

ART. 50.

Il verra si les effets de linge et chaussure sont de bonne qualité, et si les prix n'excèdent pas ceux qui sont fixés par les tarifs ou ne sont pas réduits au détriment de la qualité de ces objets; si les effets d'habillement et de grand équipement sont en bon état, et si les réparations de ces effets ont été faites à temps et avec soin. Il s'informera de la manière dont elles sont surveillées, des dépenses qu'elles occasionnent et de l'abus qui pourrait être fait des abonnements.

Il se fera représenter, par les officiers de section, le livret prescrit par l'article 92 de l'ordonnance du 2 novembre 1833, sur le service intérieur. Il s'assurera qu'il est régulièrement tenu, et que tous les officiers connaissent la durée et le prix des effets du grand et du petit équipement.

ART. 51.

Il vérifiera si les masses individuelles ne sont pas indûment grevées par suite de remplacements d'effets d'habillement, de coiffure et de grand équipement qui n'avaient pas atteint le terme de la durée réglementaire. Il rappellera aux conseils d'administration que ces sortes de remplacements par anticipation ne doivent avoir lieu qu'après avoir été dûment autorisés, alors même que les hommes consentiraient à payer, par imputation sur leur masse individuelle, le montant du déficit résultant de ces réformes anticipées.

ART. 52.

Il portera une attention toute particulière sur la coiffure; il vérifiera si la buffleterie a les formes et les dimensions voulues, et si elle n'a pas été détériorée pour être ajustée successivement sur des hommes de différentes tailles; il s'assurera aussi qu'elle est toujours blanchie de manière à ne pas dégrader l'habillement, et que les compositions employées à lustrer la chaussure et toutes les parties en cuir de l'habillement, de la coiffure et de l'équipement, ne sont pas corrosives.

Il examinera si les effets de grand équipement en service ont des dimensions en rapport exact avec la taille des hommes qui en sont pourvus.

Il vérifiera si tous les effets en service sont marqués et numérotés, et notamment si, pour les effets récemment délivrés, on s'est conformé aux prescriptions des articles 383 et suivants de la notification ministérielle du 1er janvier 1858 (*Journal militaire*, n° 6, p. 19).

ART. 53.

L'inspecteur général se fera remettre : 1° l'état des effets d'habillement et d'équipement dits de la seconde catégorie qui, ayant atteint le terme de la durée réglementaire, auront été proposés pour la réforme; 2° l'état des effets de même nature (1re et 2e catégorie) qui ne seront pas encore parvenus au terme de la durée légale, et dont cependant le conseil d'administration aura aussi demandé le remplacement.

Il consultera les notes et les propositions consignées sur chacun de ces états par le commissaire général; il examinera tous les effets; il vérifiera, notamment pour ceux que ce fonctionnaire aura désignés comme devant rester en service, s'ils sont empreints des numéros sous lesquels ils ont été désignés sur les états de proposition.

Il signalera, au moyen d'annotations portées sur ces états en regard du numéro de chaque effet, ceux des effets qui devront être maintenus en service et ceux qu'il aura cru devoir réformer. Quant à ces derniers, il fixera l'époque du remplacement, qui, d'ailleurs, à moins de circonstance extraordinaire, ne devra avoir lieu qu'après le 31 décembre de l'année courante, surtout pour les effets dits de la seconde catégorie.

Enfin, dans l'arrêté qu'il apposera au bas de chaque état, il mentionnera, *en toutes lettres*, le nombre des effets réformés, en distinguant ceux dont les frais de remplacement devront, jusqu'à due concurrence, être mis à la charge de la troupe.

Une ampliation de ces états ou d'états négatifs sera adressée, avec le travail d'inspection, au ministre (*direction du personnel, bureau de la solde et de l'habillement*).

L'inspecteur général se fera remettre en outre : 1° l'état des instruments de musique et des pièces de shako présentés pour la réforme; 2° l'état des effets de petit équipement proposés pour la réforme ou pour une réduction de prix. Il procédera, pour ces divers effets, comme pour ceux de la 1re et de la 2e catégorie; toutefois, les états concernant ces effets ne seront point adressés au ministre.

Les décisions prises par l'inspecteur général seront définitives, et le remplacement des effets réformés devra, sans l'intervention d'une décision ministérielle, s'opérer aux époques que cet officier général aura fixées.

Aucun effet ne pourra être proposé pour la réforme dans l'intervalle de deux inspections générales.

ART. 54.

L'inspecteur général examinera avec soin si des gratifications d'effets n'auraient point été données à la troupe; et, s'il reconnaît qu'une semblable infraction a eu lieu, il en blâmera sévèrement le conseil d'administration, alors même que les effets d'habillement auraient été confectionnés au moyen d'étoffes prélevées sur les bénéfices de coupe, et lui rappellera que les règlements ayant prévu tous les besoins des hommes et donné les moyens d'y pourvoir, aucun effet d'habillement, de coiffure et de grand équipement, ne doit être délivré à titre de gratification, à moins d'une autorisation spéciale du ministre.

Si l'inspecteur général s'apercevait qu'il eût été délivré aux militaires des effets dont l'usage n'est pas autorisé, ou qui seraient d'une qualité inférieure aux modèles, ou enfin qui auraient été achetés, sans autorisation spéciale, à des prix excédant les tarifs, il sévirait contre les chefs de corps qui en auraient ordonné la distribution ou toléré l'usage, soit que ces effets eussent été portés au compte des hommes sous leur véritable dénomination, soit qu'ils représentassent en dépenses simulées d'autres effets qui n'ont point été délivrés, et il en informerait le ministre dans son rapport d'ensemble.

Examen des registres matricules : poursuites à exercer contre les déserteurs.

ART. 55.

Les registres matricules destinés à l'inscription des services des militaires de chaque corps fixeront l'attention de l'inspecteur général; il les examinera dans le plus grand détail, afin d'en constater la bonne ou la mauvaise tenue, et, dans le cas où il reconnaîtrait des erreurs ou des irrégularités, il donnerait les ordres nécessaires pour qu'elles soient rectifiées sans retard. L'inspecteur général s'assurera que, conformément à la décision ministérielle du 17 janvier 1845 (*Journal militaire*, p. 25), les traits de courage et de dévouement dont les hommes ont fait preuve dans un sinistre ou dans un cas purement accidentel, et qui ont mérité à leurs auteurs une médaille d'honneur ou de sauvetage, sont relatés exactement sur les matricules et sur les mutations mensuelles. Il s'assurera également que, conformément à la décision ministérielle du 24 avril 1851 (*Journal militaire*, p. 170), il est fait mention sur les matricules des épinglettes d'honneur obtenues comme prix de tir.

Il recommandera aux conseils d'administration de se conformer ponctuellement aux dispositions de l'article 682 de l'ordonnance du 22 juin 1847, concernant la tenue des registres matricules et l'envoi périodique des états de mutation. Il leur recommandera également l'exécution de la décision du 25 août 1840 (*Journal militaire*, p. 307), relative aux états spéciaux des hommes tués, blessés ou disparus, qui doivent être transmis au ministre après chaque action, affaire ou événement de force majeure, soit à l'armée, soit à l'intérieur.

L'inspecteur général devra s'assurer que les déserteurs du corps sont constamment l'objet de poursuites, et que toutes les instructions ministérielles relatives à la désertion, notamment la circulaire du 16 février 1847, sont exactement observées. Il examinera également si les dispositions de l'instruction du 8 décembre 1852, pour l'exécution du décret d'amnistie du 6 du même mois, sont suivies, lorsqu'il y a lieu d'en faire l'application. Il joindra à la première partie du livret d'inspection la liste nominative des militaires en désertion, à la date de l'inspection, qui doivent être recherchés, et il consignera ses observations à ce sujet. Il invitera les chefs de corps à faire, au moins une fois dans le courant de l'année, des recherches actives sur les déserteurs.

Il rappellera aux conseils d'administration que les déserteurs, bien qu'ils cessent de figurer sur les contrôles de la solde après six mois d'absence, doivent continuer de compter à leurs corps même lorsqu'ils sont condamnés, et qu'ils ne doivent être rayés des registres matricules du régiment qu'après que le conseil d'administration a été informé de leur envoi dans un autre corps, soit à l'expiration de leur peine, soit lorsqu'il leur en a été fait remise en totalité ou en partie.

Examen de la gestion du vaguemestre.

ART. 56.

Il vérifiera si le vaguemestre remet exactement à qui de droit les sommes qu'il reçoit, si son registre est bien tenu et si les dispositions des ordonnances du 7 mai 1831 (*Journal militaire*, p. 623) et du 22 juin 1847, sur la taxation des lettres et l'indemnité allouée aux vaguemestres, sont exactement observées.

L'inspecteur général vérifiera également si les dispositions de l'article 193 de l'ordonnance du 2 novembre 1833, sur le service intérieur, sont fidèlement exécutées, notamment en ce qui concerne les hommes inconnus, absents ou décédés; il se fera remettre l'état de ces hommes, avec l'indication des sommes qui leur étaient destinées.

Examen de l'armement.

ART. 57.

Une visite des armes et des munitions sera faite dans chaque corps ou portion de corps par l'inspecteur d'armes ou l'officier d'artillerie désigné pour en remplir les fonctions, accompagné d'un contrôleur d'armes, sur l'ordre qui lui en sera donné par le préfet maritime ou le gouverneur de la colonie.

Les opérations de cette revue devront être terminées avant l'arrivée de l'inspecteur général, et l'inspecteur d'armes devra remettre lui-même à cet officier général une expédition de son travail, ou la laisser cachetée au chef de corps pour être transmise.

L'officier d'artillerie chargé de la visite de l'armement d'un corps se fera remettre une situation générale de cet armement, afin de pouvoir la comparer avec celle de la dernière inspection et avec le livret. S'il remarque que le corps porte en perte des armes emportées par des déserteurs, il le signalera dans son rapport à l'inspecteur général, qui se fera représenter les procès-verbaux constatant les circonstances de la désertion, et s'assurera de l'exactitude des faits qu'ils contiennent.

L'officier d'artillerie recevra communication de toutes les pièces nécessaires pour vérifier les consommations.

Il vérifiera si les armes sont marquées conformément aux prescriptions du règlement du 2 mars 1857 (tableau C *bis*) et des articles 71 à 79 du règlement de la guerre du 1er mars 1854, et si toutes les pièces servant aux réparations sont tirées des manufactures impériales.

Il établira, pour être remis à l'inspecteur général, un rapport constatant les réparations mises au compte des hommes. Il consignera son opinion sur le montant de ces réparations, et fera connaître si elles n'auraient pas dû être laissées, en partie ou en totalité, au compte de l'abonnement d'entretien des armes.

Pour toutes les opérations prescrites dans le présent article, l'officier d'artillerie se conformera, d'ailleurs, aux dispositions du règlement du 2 mars 1857, sur le classement, l'entretien et les réparations des armes portatives.

ART. 58.

L'inspecteur général se fera rendre compte de l'aptitude et du zèle de l'officier d'armement, ainsi que de la capacité et de la conduite du chef armurier.

Il proposera pour des récompenses ou des gratifications les chefs armuriers qui en seront dignes, et provoquera le remplacement de ceux dont l'incurie aurait été reconnue.

Il sera établi, dans chaque corps, un état nominatif conforme au modèle compris au livret, indiquant les propositions dont le chef armurier sera l'objet, et contenant des notes tant sur le chef armurier que sur les ouvriers armuriers du corps qui seront reconnus susceptibles d'entrer dans le corps des armuriers militaires de la marine et qui auraient demandé à recevoir cette destination.

Quant aux officiers d'armement qui se seraient fait remarquer par leurs soins assidus, leur surveillance active et leur application à apprendre tout ce que doit savoir un bon officier d'armement, l'inspecteur général les rendra l'objet de mentions honorables, par la voie d'un ordre du jour spécial.

ART. 59.

L'inspecteur général apportera à l'examen de tout ce qui concerne l'armement du corps l'attention la plus particulière.

Il se fera représenter le registre mentionné au paragraphe 21 de l'article 283 du règlement de la guerre du 1er mars 1854; il prescrira, s'il le trouve convenable, les dispositions proposées par l'officier d'artillerie, et s'assurera si celles ordonnées à l'inspection précédente ont été exécutées.

Il vérifiera l'état de l'armement et la manière dont il est entretenu. Il s'assurera que l'imputation des réparations a été judicieusement faite, soit au compte de l'abonnement, soit au compte des hommes; et il comparera, pour les deux dernières années, le montant des réparations mises au compte du soldat, avec celui de l'abonnement d'entretien des armes payé au chef armurier. Il indiquera le résultat de ses observations dans le rapport d'ensemble de l'inspection du corps.

L'inspecteur général rappellera à MM. les officiers les prescriptions des décisions ministérielles des 31 décembre 1845, 24 novembre et 2 décembre 1856, et de la circulaire du ministre de la guerre du 11 décembre 1856 (*Journal militaire*, 2e semestre, p. 500), qui ont fixé les modèles d'armes des officiers d'artillerie et d'infanterie de la marine, et déterminé les établissements chargés de les fournir.

Casernement.

ART. 60.

L'inspecteur général, lors de la visite qu'il fera du casernement, devra toujours être accompagné du directeur du génie militaire, de l'ingénieur des travaux hydrauliques ou de l'employé chargé de la surveillance des bâtiments militaires; il examinera si, sous le rapport des bâtiments, les casernes sont en bon état et pourvues de tous les objets nécessaires, et si les fournitures de couchage sont de bonne qualité et bien entretenues; il s'assurera si les officiers logés dans les bâtiments de l'État y sont convenablement, tant sous le rapport des localités qui leur sont affectées que sous celui du mobilier dont ces localités sont pourvues; il vérifiera si, dans les imputations pour pertes et dégradations d'effets de literie, les sous-officiers, les caporaux et les soldats ne subissent que celles qui proviennent de leur fait; si l'on procède à la reconnaissance des unes et des autres selon les formes déterminées par les règlements; enfin si, dans les estimations qui s'ensuivent, les intérêts du soldat sont garantis.

Après avoir visité en détail tous les locaux occupés par le régiment et s'être fait rendre compte des demandes et réclamations du corps sur les réparations, changements ou constructions à faire pour compléter et améliorer le logement des officiers et de la troupe, l'inspecteur général s'adressera au préfet maritime de l'arrondissement ou au gouverneur de la colonie, en sollicitant son intervention pour que ces travaux soient exécutés le plus tôt possible, et il enverra le double de cette demande au ministre.

L'inspecteur général rendra d'ailleurs compte, dans son rapport d'ensemble, des observations et des démarches auxquelles aura donné lieu de sa part la visite du casernement, soit en ce qui concerne les bâtiments, soit en ce qui concerne les fournitures de couchage.

Terrains de manœuvres.

ART. 61.

L'inspecteur général s'assurera si le corps possède un terrain assez vaste pour y faire ses manœuvres.

Dans le cas où le régiment n'aurait pas de terrain ou en aurait un jugé insuffisant, l'inspecteur général en rendra compte au ministre dans son rapport d'ensemble. Il fera connaître les obstacles qui s'opposent à ce que l'établissement du corps soit complété à cet égard.

S'il y avait lieu d'entamer une négociation avec les autorités civiles locales relativement à un champ de manœuvres indispensable au régiment, l'inspecteur général en conférerait avec le maire de la ville, et constaterait, dans son rapport d'ensemble, le résultat de ses démarches.

Visite des chambres.

ART. 62.

L'inspecteur général visitera les chambres; il s'assurera qu'elles ne contiennent pas un trop grand nombre de lits, et qu'elles sont tenues proprement, conformément à ce qui est prescrit par l'ordonnance sur le service intérieur.

Tenue de l'ordinaire.

ART. 63.

L'inspecteur général vérifiera si le livre d'ordinaire est bien tenu; si le produit des travailleurs, des garnisaires et des hommes punis, y est inscrit, et s'il est versé exactement; si le prêt (sauf les centimes de poche) est entièrement consacré aux dépenses de l'ordinaire; si l'ordinaire est bien réglé, et si les bouchers, les boulangers et les autres fournisseurs sont payés régulièrement chaque jour. Il examinera la qualité du pain de soupe et celle des autres denrées; il s'informera du prix, afin de pouvoir juger si les achats sont faits dans l'intérêt du soldat. Il s'assurera que l'eau-de-vie reçue des magasins de l'État, ou achetée au moyen de l'indemnité, est consommée ainsi que le prescrivent les dispositions réglementaires.

Il rappellera aux officiers des compagnies et aux chefs de bataillon que leur surveillance sur la gestion de l'ordinaire constitue un de leurs devoirs les plus importants; qu'ils doivent s'assurer, *par de continuelles investigations,* qu'aucune remise ni aucun arrangement illicites n'ont lieu entre les fournisseurs et les chefs d'ordinaire, et que, s'ils en découvrent, ils doivent les faire cesser sur-le-champ et punir sévèrement ceux qui s'en rendent coupables.

Visite des cachots, des prisons, des salles de discipline et du corps de garde de police.

ART. 64.

L'inspecteur général examinera si les locaux destinés à renfermer les militaires punis de peines de simple police sont aérés et placés dans des endroits sains; s'il y en a de séparés pour les sous-officiers et les caporaux, et s'ils sont pourvus des demi-fournitures et des ustensiles prescrits par les règlements. Il proposera, s'il y a lieu, les améliorations qu'il croira nécessaires. S'il reconnaissait qu'ils fussent humides et malsains, il signalerait le fait au préfet maritime ou au gouverneur, afin qu'il y fût remédié immédiatement. Il s'assurera que les cachots sont pourvus de lits de camp, et, dans le cas où il n'y en aurait point, il en réclamera l'établissement d'urgence.

Visite de l'infirmerie.

ART. 65.

L'inspecteur général s'assurera que le local affecté à l'infirmerie est sain, bien clos, et qu'il peut être facilement aéré; qu'il contient les fournitures complètes ainsi que les meubles et les ustensiles nécessaires; enfin que les hommes y reçoivent tous les soins qu'exige leur état.

Il se fera rendre compte en même temps du nombre d'hommes qui ont été aux hôpitaux ou malades à la chambre pendant les diverses saisons de l'année. Il fera connaître numériquement au ministre combien le corps a eu de fiévreux, de blessés, de galeux et de vénériens depuis la dernière inspection.

Il visitera également la salle des convalescents. Il se fera rendre compte du nombre habituel d'hommes sortant des hôpitaux qui y ont été admis, et de la durée de leur séjour. Il se fera représenter le registre prescrit par l'article 6 de la décision ministérielle du 14 décembre 1842, et s'assurera qu'il contient tous les renseignements nécessaires à l'établissement du compte moral prescrit par l'article précité.

Il examinera si les instructions relatives à la vaccination des militaires, rappelées par la note ministérielle du 6 mars 1841 (*Journal militaire*, page 76), sont ponctuellement exécutées, et donnera des ordres pour faire vacciner les jeunes soldats qui n'auraient pas encore été vaccinés. Il indiquera au ministre le nombre des hommes qui ont été vaccinés dans le courant de l'année, et le nombre de ceux qui ont été affectés soit de la petite vérole, soit de la varioloïde.

Il puisera ces renseignements dans le rapport qu'aura rédigé le chirurgien-major du régiment, et dont le colonel lui aura fait la remise: il s'assurera que les observations consignées dans ce rapport portent sur les parties de l'état sanitaire spécifiées par les instructions ministérielles.

Il transmettra au ministre une ampliation de ce rapport, avec le résultat de ses observations particulières. Ce rapport sera revêtu du visa du chef de corps et de celui de l'inspecteur général.

Cet officier général recommandera qu'on se conforme, en tout ce qui est applicable aux troupes de la marine, aux dispositions de l'arrêté du 10 mai 1842 (*Journal militaire*, page 253), relatif aux mesures ordonnées pour arrêter les progrès des maladies syphilitiques et psoriques.

Examen des écoles régimentaires.

ART. 66.

Les écoles du premier et du second degré seront l'objet d'une attention particulière de la part de l'inspecteur général; il examinera :

1° Si l'organisation des écoles est conforme, pour le personnel, l'enseignement et le matériel, pour l'artillerie, aux dispositions du règlement du 27 juin 1836, et, pour l'infanterie, aux dispositions du règlement du 28 décembre 1835 (*Journal militaire*, page 391), de la décision du 5 mars 1840 (*Journal militaire*, page 100), de la décision du 31 décembre 1843 (*Journal militaire*, page 490), de la circulaire du 7 novembre 1847 (*Jour-*

nal militaire, page 383), de l'instruction du ministre de la marine du 8 novembre 1847 (chapitre 2, page 31), et enfin de la circulaire du 17 septembre 1853 (*Journal militaire*, page 179);

2° Si l'instruction est bien dirigée et suffisamment encouragée, notamment celle du soldat;

3° Si les localités offrent toutes les ressources nécessaires, ou quelles dispositions il y aurait à prescrire pour que les locaux fussent mieux appropriés à leur destination.

L'inspecteur général donnera des ordres pour que, dans les écoles régimentaires, il ne soit fait usage que de modèles et de livres autorisés, soit par le règlement du 28 décembre 1835 (*Journal militaire*, page 391), soit par des décisions ministérielles intervenues postérieurement; il s'assurera si les livres, cahiers, modèles, etc. qui composent la bibliothèque des écoles, sont rangés avec ordre, et si l'on prend, pour les conserver en bon état, les précautions convenables; il s'en fera présenter le catalogue, et, dans le cas où il n'en existerait pas, il en ferait établir un immédiatement et prescrirait de le tenir toujours au courant.

Il emploiera les moyens qui lui paraîtront les plus efficaces pour engager les hommes illettrés à se livrer avec ardeur aux études suivies dans les écoles régimentaires du premier degré, que le règlement du 28 décembre 1835 rend aussi obligatoires que les exercices et les manœuvres. Il s'attachera à dégager de tout charlatanisme les épreuves qui auront lieu en sa présence, afin de pouvoir apprécier les résultats réellement obtenus, et prescrira de conserver un spécimen de l'écriture de chaque soldat au moment où il a commencé de fréquenter les écoles, afin qu'il soit possible de constater, par la comparaison, les progrès qu'il aura faits. Il recommandera aux capitaines de stimuler constamment le zèle des hommes, en leur faisant comprendre qu'ils ne peuvent espérer de l'avancement qu'en acquérant les connaissances exigées pour occuper successivement les différents grades, et que leur instruction, tout en influant sur leur avenir dans la carrière militaire, sera pour eux de la plus grande utilité lorsqu'ils rentreront dans la vie civile; enfin il fera porter sur le tableau d'avancement les soldats qui auront montré le plus de zèle pour l'étude, s'ils réunissent, d'ailleurs, toutes les conditions requises pour obtenir cette récompense.

Les officiers directeurs des écoles qui seront parvenus aux

résultats les plus satisfaisants devront être signalés dans un ordre du jour spécial. L'inspecteur général proposera, en outre, pour une mention honorable au *Bulletin officiel*, pour une médaille ou pour des livres, les directeurs et les directeurs adjoints qui seraient dans le cas d'obtenir l'un ou l'autre de ces témoignages de la satisfaction du ministre.

L'inspecteur général jugera, par un examen spécial, si les cours de comptabilité qui ont lieu à l'école du second degré sont suffisants pour former de bons sergents-majors. Dans le cas où cette partie de l'enseignement lui paraîtrait incomplète, il recommanderait aux chefs de corps de ne rien négliger pour obtenir de meilleurs résultats.

Enfin il signalera au ministre les corps où l'instruction aura prospéré et ceux où elle sera restée en souffrance.

ART. 67.

L'inspecteur général est autorisé à accorder des prix aux élèves qui, ne sachant rien ou n'ayant qu'un commencement d'instruction lors de leur admission dans les écoles régimentaires, auront obtenu le plus de succès dans leurs études, sans avoir négligé aucun de leurs autres devoirs militaires. Dans la répartition qu'il fera de ces récompenses, il tiendra particulièrement compte de leurs efforts et de leurs progrès aux soldats qui, en raison des départements où ils sont nés, ont eu à surmonter de plus grandes difficultés pour apprendre à lire et à écrire. Ces prix seront décernés à la revue d'honneur, et la somme à laquelle ils pourront s'élever sera calculée d'après le nombre de compagnies composant la portion de corps, et à raison de 10 francs par compagnie. Pour les compagnies détachées ou formant corps et ayant eu des écoles, ils ne devront pas dépasser la somme de 20 francs.

Il pourra également accorder au moniteur général qui aura fait preuve de zèle dans l'exercice de ses fonctions une gratification dont le maximum est limité à 30 francs pour une portion de corps de moins de huit compagnies, et à 60 francs pour une portion de corps composée de plus de sept compagnies; ou le proposer pour une mention honorable au *Bulletin officiel*.

L'inspecteur général est enfin autorisé à accorder aux autres moniteurs des écoles régimentaires, lorsqu'ils lui paraîtront mériter une récompense, une gratification dont la quotité sera proportionnée au nombre d'élèves qu'ils auront formés, mais qui ne pourra pas dépasser celle fixée ci-dessus pour le moniteur général.

Danse, natation et escrime; exercices généraux de gymnastique proprement dite.

ART. 68.

L'inspecteur général s'assurera que les dispositions de l'ordonnance sur le service intérieur, relatives aux écoles de danse et de natation, sont exactement suivies.

Cette partie de l'instruction militaire étant généralement trop négligée, il fera sentir aux chefs de corps qu'elle développe les forces physiques, et qu'il est des circonstances à la guerre où la natation peut conduire à des résultats importants. Il leur recommandera donc formellement de faire suivre cette école toutes les fois que le temps et les localités le permettront.

Il prescrira de régler le prix de la leçon de danse au taux déterminé pour celle d'escrime par la décision du 5 mai 1837 (0f,03).

ART. 69.

L'instruction du 8 novembre 1847 (page 61) détermine comme suit le maximum de l'indemnité d'entretien du matériel et de la gratification qui peuvent être allouées aux maîtres d'armes, savoir :

		PAR COMPAGNIE		
		d'infanterie.	d'artillerie.	d'ouvriers d'artillerie.
Indemnité d'entretien du matériel.	Maximum de la première portion, acquittable par quart à la fin de chaque trimestre	5f	6f	9f
	Maximum de la deuxième portion que l'inspecteur général aura la faculté de faire payer, et acquittable en fin d'exercice (1)	3	4	6
	TOTAL (*maximum*)	8	10	15
Maximum de la gratification dont la quotité sera fixée par l'inspecteur général et acquittée, moitié à l'époque de la revue d'inspection, et l'autre moitié le 31 décembre suivant		8	10	15
	TOTAL (*maximum*)	16	20	30

(1) Le maximum de cette deuxième portion de l'indemnité d'entretien pourra être augmenté lorsque le maître d'armes n'aura pas touché, dans le courant de l'année, le maximum de la première portion, qui est acquittable par trimestre; mais, dans ce cas, l'augmentation de la deuxième portion ne pourra dépasser le montant de la retenue exercée sur la première.

ART. 70.

L'inspecteur général se fera représenter l'état de dépenses que le maître d'armes a faites depuis le 1er janvier dernier, ainsi qu'un état approximatif de celles qu'il devra supporter jusqu'au 31 décembre de l'année courante. Il fixera ensuite la quotité de la somme à allouer au maître d'escrime, à titre d'indemnité.

Cette somme sera acquittée par trimestre, jusqu'à concurrence de la fixation indiquée pour la première portion au tableau ci-dessus, et le surplus en fin d'exercice seulement.

L'inspecteur général se fera rendre compte du nombre des jeunes soldats qui ont été instruits; il s'informera si la décision du 5 mai 1837 (*Journal militaire*, page 424) est exécutée ponctuellement; il s'informera également des progrès faits par les élèves, du zèle et de la capacité du maître; et, s'il le juge convenable, il accordera à ce dernier une gratification dont le maximum ne pourra excéder la somme fixée au tableau ci-dessus.

Moitié *seulement* de la gratification pourra être allouée *immédiatement;* le surplus ne sera acquitté que le 31 décembre de l'année courante.

L'inspecteur général signalera, dans son rapport, le nombre des élèves qui auront participé à l'instruction dans le courant de l'année, ainsi que le montant de la gratification et de l'indemnité de frais de matériel accordées au maître d'armes.

Il invitera les chefs de corps à encourager le plus qu'il sera possible l'exercice de l'escrime parmi les jeunes officiers.

ART. 71.

Lorsque l'enseignement de la gymnastique aura lieu dans une portion de corps, l'inspecteur général rendra compte de l'état de cet enseignement et de ses résultats, et fera connaître l'état dans lequel se trouve le matériel de l'établissement.

Il examinera, en outre, si le matériel fixe de gymnastique dont les corps font usage est conforme à la nomenclature adoptée par le ministre de la guerre le 27 juillet 1852 (*Journal militaire*, 2e semestre, pages 157 et 158).

Il recommandera aux chefs de corps d'exiger que les sous-officiers et les caporaux suivent ces exercices, auxquels il importe d'ailleurs que les officiers assistent à tour de rôle, afin d'entretenir l'émulation par leur présence.

L'inspecteur général est autorisé à accorder, sur les fonds des écoles, des primes d'encouragement aux moniteurs et aux élèves qui se seront le plus distingués; ces primes leur seront décernées à la revue d'honneur, et pourront s'élever à 30 francs pour une portion de corps ayant moins de huit compagnies, et à 50 francs pour une portion de corps de plus de sept compagnies.

IVe SECTION.

EXAMEN DE L'INSTRUCTION.

ART. 72.

L'inspecteur général ne manquera pas de se faire représenter les registres dont la tenue est prescrite par la décision ministérielle du 29 décembre 1844 (*Journal militaire*, p. 575), et sur lesquels doivent être consignées les matières traitées dans chaque séance, tant pour l'instruction militaire que pour l'instruction administrative des officiers : si ces registres n'existent pas, il en prescrira l'établissement.

Il s'assurera que les intentions du ministre ont été remplies, adressera les recommandations qu'il jugera convenables, et apposera son visa avec ses observations au bas desdits registres.

Les officiers seront réunis par grade et interrogés par l'inspecteur général, ou, en sa présence, par l'officier qu'il désignera. Les questions porteront sur l'ordonnance des exercices et manœuvres de l'infanterie, sur le service intérieur, sur celui des places, sur celui des troupes en campagne, sur l'administration, et généralement sur tous les détails indiqués dans l'article 223 de l'ordonnance du 2 novembre 1833.

L'inspecteur général, dans cette réunion, fera sentir aux officiers qu'ils ne doivent pas borner leurs études à l'instruction rigoureusement exigée pour leur grade, et qu'à la guerre ils peuvent se trouver dans des circonstances qui réclament de leur part des connaissances militaires plus étendues.

Indépendamment de la réunion par grade indiquée ci-dessus, et afin de se former une opinion encore plus exacte de la capacité et de l'instruction de chacun, l'inspecteur général recevra les officiers individuellement.

Il renouvellera les ordres qui ont été donnés pour que, dans l'intervalle des inspections, les officiers s'occupent de reconnaissances militaires, de levées de plans, etc., et rédigent des mémoires descriptifs et raisonnés. Ces travaux devant être dirigés par le chef de corps, l'inspecteur général lui recommandera de bien se pénétrer des observations et prescriptions contenues dans les notes ministérielles des 21 septembre 1838, 19 avril 1841, 30 mai 1842, 22 avril 1851, 16 avril 1852 (*Journal militaire*, pages 146, 190, 129, 169 et 339).

Afin d'exciter l'émulation des officiers, il leur rappellera les avantages que la note ministérielle précitée accorde à ceux d'entre eux qui se seront distingués dans l'exécution des travaux militaires.

Les officiers qui se seront occupés d'études topographiques, de levées de plans ou de reconnaissances militaires depuis la dernière inspection, remettront leur travail à l'inspecteur général, qui, après l'avoir examiné avec soin, signalera au ministre les officiers qui lui paraîtront mériter une mention honorable dans le *Bulletin officiel.*

D'après les prescriptions de l'instruction sur les revues d'inspection générale, le colonel de chaque régiment a dû exiger des officiers qu'ils se missent en état de diriger et de surveiller l'entretien de l'armement. Ces officiers doivent tenir la main à ce que les soldats emploient les meilleurs procédés, tant pour démonter et remonter leurs carabines que pour prévenir toute espèce de dégradation.

Pour s'assurer de l'exécution de ces prescriptions, l'inspecteur général interrogera les officiers sur tous les détails relatifs à l'entretien et à la conservation des armes.

Il est également nécessaire que les officiers se familiarisent avec les détails de l'administration et de la comptabilité, qui sont généralement trop négligés dans les corps. Les jeunes officiers, surtout, doivent se mettre en état non-seulement de bien diriger l'administration d'une compagnie, mais encore de remplir les fonctions d'officier comptable.

L'inspecteur général s'assurera que, dans les détachements où il n'y a pas de major, la théorie sur l'administration est faite aux officiers, soit par le chef du détachement lui-même, ou par un officier qu'il aura désigné *ad hoc.*

Il importe que les prescriptions du règlement du 6 novembre 1855, sur les transports des troupes par les chemins de fer, soient familières aux officiers de tout grade, afin que les mouvements de troupes par les voies rapides se fassent toujours avec célérité, sécurité et exactitude.

L'inspecteur général recommandera aux officiers de santé de chaque régiment de se bien pénétrer des dispositions de la note ministérielle du 19 novembre 1841 (*Journal militaire*, page 345), relatives aux obligations respectives des chirurgiens-majors et chirurgiens aides-majors, et aux conférences sur le service, les maladies régnantes, les règlements administratifs et les progrès de la science.

ART. 73.

Les sous-officiers et les caporaux seront interrogés, en présence de l'inspecteur général, sur les exercices et manœuvres, et sur les autres parties du service qu'ils doivent connaître. Ceux qui ne suivent pas les cours de l'école régimentaire, en raison de l'instruction qu'ils possèdent déjà, et qui aspirent au grade d'officier, doivent s'appliquer à acquérir des connaissances plus étendues, qui soient en rapport avec ce grade. L'inspecteur général recommandera aux chefs de corps de stimuler leur zèle, afin qu'ils donnent à leur instruction une direction analogue à celle que doivent suivre les officiers.

L'inspecteur général examinera les livres de théorie et extraits de règlement dont les corps font usage pour l'instruction des sous-officiers, caporaux et soldats proposés pour l'avancement.

Il déterminera ensuite ceux de ces livres et extraits qu'il y a lieu de conserver, en attendant qu'un programme réglementaire de ces ouvrages ait été définitivement établi.

La fourniture des livres et extraits ainsi approuvés par l'inspecteur général aura lieu désormais au compte de la masse générale d'entretien, conformément au principe posé par la décision ministérielle du 14 juin 1845.

ART. 74.

L'inspecteur général examinera le travail de chaque classe d'instruction, en commençant par l'école du soldat, et passant par gradation à l'école de peloton et à celle de bataillon.

Il s'assurera que les leçons sont bien données, que l'on ne fait point passer trop rapidement les hommes d'une classe à une autre, que le ton de commandement est uniforme, et que l'immobilité est observée.

Il verra enfin si l'on suit exactement tout ce qui est prescrit par l'ordonnance sur les manœuvres, et il recommandera aux instructeurs d'avoir toujours pour les hommes de recrue la douceur et la patience si nécessaires au développement de leur instruction.

ART. 75.

L'inspecteur général consacrera aux écoles de peloton et de bataillon et aux évolutions de ligne autant de temps qu'il lui en faudra pour bien apprécier l'instruction.

Les régiments seront exercés, en outre, aux manœuvres et simulacres de guerre, au service des tirailleurs et des éclaireurs, en un mot à tout ce qui regarde le service en campagne.

Il s'assurera que le pas et la mesure des sonneries sont réglés selon la vitesse déterminée par l'ordonnance du 22 juillet 1845.

ART. 76.

L'inspecteur général est autorisé à répartir, entre les plus méritants des sous-officiers et des caporaux chargés spécialement de l'instruction, une gratification dont la quotité est fixée, pour l'artillerie, à raison de 50 francs par compagnie, et de 20 francs pour l'infanterie. Il fera connaître, à la revue d'honneur, les noms de ces sous-officiers et caporaux, et donnera les ordres nécessaires pour qu'ils reçoivent, aussitôt que le corps sera rentré au quartier, la gratification qui aura été allouée à chacun d'eux.

Les sergents instructeurs du tir concourront pour l'obtention de cette récompense avec les autres sous-officiers.

ART. 77.

Une circulaire du 12 février 1840 (*Journal militaire*, page 48) rappelle qu'il entre dans les obligations des officiers et des sous-officiers d'infanterie de se perfectionner dans les exercices du tir et d'en démontrer les principes à leurs subordonnés, d'après les règles tracées par l'instruction insérée, sous la date du 24 septembre 1826, au *Journal militaire*, page 547.

Depuis lors, une décision du 16 juillet 1845 a prescrit la formation d'une école régimentaire de tir dans chacun des corps d'infanterie, et une instruction provisoire sur le tir a été mise en essai dans les mêmes corps.

L'inspecteur général s'assurera que les dispositions de l'instruction adressée le 29 août 1845 (*Journal militaire*, page 214), relativement à la création des écoles régimentaires de tir, ont été ponctuellement exécutées. Il s'informera si les conférences pour les officiers et le cours pour les sous-officiers ont lieu conformément à ce qui est réglé par la circulaire ministérielle du 6 décembre 1851 (1), envoyée à tous les chefs de corps; si les dispositions de l'instruction ministérielle du 7 septembre 1852 (*Journal militaire*, pages 165 et 166) sont exécutées dans leur ensemble comme dans leurs détails, et si l'officier chargé des cours a établi, pour l'usage du corps, une rédaction résumée des leçons qu'il a suivies à l'école normale de tir (circulaire du 28 janvier 1853, *Journal militaire*, 1er semestre, pages 46 et 47).

Il s'assurera si l'instruction du 28 novembre 1847, sur le tir de la carabine à tige, est suivie exactement, et si l'on se conforme à toutes les dispositions de cette instruction, principalement en ce qui concerne les attributions des instructeurs, l'entretien et la conservation des armes, la théorie et la pratique du tir.

Il se fera présenter les registres de tir et s'assurera qu'ils sont établis et tenus conformément aux dispositions de l'instruction ministérielle du 1er mars 1857, insérée au *Journal militaire*.

Il rendra compte de l'enseignement du tir dans un rapport spécial.

Il examinera si le tir, cette partie essentielle de l'instruction militaire, est dirigé avec le soin et l'activité que son importance réclame, et se conformera, tant pour le concours à ouvrir dans chaque corps ou portion de corps que pour la distribution des prix à décerner aux meilleurs tireurs, aux dispositions du chapitre II, titre V de l'instruction provisoire du 28 novembre 1847. La dépense résultant de l'achat des prix sera supportée par la masse générale d'entretien, et ne devra pas dépasser 10 francs par compagnie.

Si le matériel de tir n'était pas au complet déterminé par la circulaire ministérielle du 7 septembre 1854 (*Journal militaire*, page 161), l'inspecteur général donnerait des ordres pour qu'il fût complété immédiatement.

Si la saison ou le défaut d'emplacement, en raison de la culture des terres, empêche l'inspecteur général de faire tirer à la cible lors de sa revue, il chargera le chef de corps de pro-

---

(1) Voir la circulaire du ministre de la marine, du 2 mars 1852 (*Bulletin officiel*, page 177), l'annexe de la circulaire du ministre de la guerre du 6 décembre 1851 et l'annexe II du programme du cours de tir.

céder à cette opération aussitôt que les circonstances le permettront.

Les règlements allouent annuellement à chaque régiment d'infanterie la quantité de cartouches qu'il est autorisé à consommer pour les exercices à feu; les fixations déterminées à cet égard ne pouvant être dépassées, sous quelque prétexte que ce soit, l'inspecteur général s'abstiendra de donner aucun ordre ayant pour objet de faire délivrer un supplément de cartouches.

ART. 78.

Il se fera rendre compte de la manière dont les marches militaires prescrites par la circulaire du 15 mai 1831 (*Journal militaire*, page 664) ont été exécutées, et se fera représenter les rapports qui ont dû être établis à ce sujet, conformément à la décision ministérielle du 31 mars 1844, insérée au *Journal militaire*, page 229. Il donnera des ordres pour que ces marches soient continuées après son départ, et qu'elles aient lieu aux époques qu'il aura fixées, si toutefois le préfet maritime ou le gouverneur ne juge pas convenable de suspendre cette mesure dans l'intérêt du service.

V° SECTION.

EXAMEN DE L'ADMINISTRATION.

Visite des magasins, ateliers et archives du corps.

ART. 79.

L'inspecteur général se transportera dans les magasins et ateliers du corps pour en vérifier la situation.

Indépendamment de l'examen qu'il aura fait de l'habillement, du grand et du petit équipement, dans le cours de ses opérations, il donnera une attention particulière aux effets et matières qui se trouveront en magasin. Il vérifiera, en les comparant avec les modèles envoyés par le ministre de la marine, si les formes et dimensions ont été exactement observées; si les matières sont de bonne qualité ; si les confections sont soignées, et s'il n'a rien innové, soit dans la nature, soit dans la forme de ces divers effets.

Il se fera représenter la situation au jour de la revue; il s'assurera de son exactitude, et vérifiera si l'existant en magasin est effectivement le même que celui qui est indiqué sur la situation.

ART. 80.

Dans le cas où il s'élèverait quelques plaintes sur la qualité des matières mises à la disposition des corps, l'inspecteur général en vérifiera l'exactitude et consignera dans son rapport ses observations à cet égard.

L'inspecteur général prescrira au conseil d'administration de conserver avec soin, intacts et sans dégradations, les chefs de toutes les pièces, sans exception aucune, qui auront été livrées au corps dans l'intervalle d'une inspection générale à une autre, et de laisser adhérent à chaque chef, au centre de la pièce et au pli du milieu ou bien près de l'une des lisières, un échantillon de drap d'un décimètre carré.

ART. 81.

Si l'inspecteur général reconnaît que le sous-officier ou le caporal chargé de la surveillance du magasin s'est acquitté de ses fonctions avec tout le zèle désirable, il pourra lui accorder une gratification. Il en fixera la quotité à raison des soins et de l'exactitude dont ce militaire aura constamment fait preuve. Toutefois cette gratification, qui sera prélevée sur le fonds de la masse générale, ne devra point dépasser, savoir :

Pour la portion centrale de chaque régiment et pour les portions de corps employées aux colonies et composées de plus de sept compagnies.............................. 75f

Pour les portions de corps stationnées en France, autres que les portions centrales, et fortes de plus de sept compagnies.............................. 60

Pour les portions de corps composées de trois à sept compagnies.............................. 30

Pour les portions d'une ou de deux compagnies.... 20

ART. 82.

Il visitera le local où sont déposées les archives du corps, et examinera si les ouvrages, les ordonnances, les règlements, les instructions, les registres, etc. qui les composent, sont en bon état de conservation, s'ils sont classés avec soin et de manière à être facilement consultés.

Il donnera une attention particulière aux collections du *Journal militaire*, du *Bulletin officiel* et du *Bulletin des lois*. Il examinera si les exemplaires que le corps possède ne présentent pas de lacunes, et, s'il en existe, il donnera des ordres pour que les numéros qui manqueront soient remplacés aux frais de qui de droit, conformément au 2e paragraphe de la décision ministérielle du 10 novembre 1840 (*Journal militaire*, page 473) et à celle du 15 janvier 1846 (*Journal militaire*, page 7).

En outre, comme il est essentiel que les volumes du *Journal militaire*, du *Bulletin officiel* et du *Bulletin des lois*, soient conservés en bon état, s'ils s'en trouvait qui eussent besoin d'être reliés, il rappellerait à cet égard l'instruction ministérielle du 8 novembre 1847, qui a autorisé les conseils d'administration à imputer cette dépense sur la seconde portion de la masse générale d'entretien.

L'inspecteur général se fera représenter le catalogue qui a dû être établi pour les archives du corps. Si ce catalogue n'existe pas, il en fera dresser un avant de quitter le corps; et, après avoir fait ses observations, s'il y a lieu, il recommandera de le tenir constamment à jour.

Les papiers d'archives jugés inutiles à conserver sont remis au domaine pour être vendus au profit du trésor public; mais cette remise ne doit être effectuée que lorsqu'elle a été autorisée par le ministre, d'après les inventaires détaillés qui lui sont transmis à cet effet en double expédition par les commissaires généraux ou ordonnateurs. L'inspecteur général appellera l'attention du conseil d'administration sur l'exécution de cette disposition.

Il rendra compte au ministre, dans son rapport d'ensemble, du résultat de ces opérations.

Vérification et clôture de la comptabilité.

ART. 83.

L'inspecteur général réunira le conseil d'administration au lieu ordinaire de ses séances; les officiers chargés du détail devront s'y trouver.

ART. 84.

Il examinera si les dispositions prescrites pour la comptabilité intérieure des corps de troupes sont exécutées, et si le conseil d'administration s'y conforme exactement.

ART. 85.

Il vérifiera si les pièces de dépenses sont régulières, et si elles ont été acquittées. Il s'assurera que les payements ont été effectués, et qu'ils sont légalement justifiés.

Il rappellera au conseil d'administration que toute correspondance directe ou particulière de l'officier d'habillement ou du trésorier avec les négociants et fournisseurs est sévèrement interdite; il recommandera que les payements soient faits aux fournisseurs aussitôt après la réception des effets en magasin, et sous la responsabilité du major.

ART. 86.

Il se fera représenter le livret de solde et les états de livraisons relatives au service de l'habillement (1), afin d'acquérir la certitude que les recettes en deniers et les entrées en magasin sont inscrites exactement aux registres des délibérations et de caisse et au journal de l'officier d'habillement.

ART. 87.

Il s'assurera que les économies sur la coupe reçoivent l'em-

---

(1) Voir le paragraphe 23 de l'instruction du 8 novembre 1847.

ploi qui leur est assigné dans l'intérêt du corps; il se fera rendre compte de leur produit annuel, comparé avec les quantités d'étoffes reçues, afin que le ministre puisse apprécier, par des rapprochements, l'exactitude et l'intelligence des officiers d'habillement et la surveillance des majors sur cette ressource si précieuse pour les corps.

ART. 88.

L'inspecteur général vérifiera si les bons de distribution et de réintégration d'effets sont régulièrement établis; s'ils sont signés par les capitaines, approuvés par le major et s'ils s'accordent avec les inscriptions du registre des recettes et consommations de l'habillement.

ART. 89.

Il s'informera s'il n'a pas été fait de retenues illicites, même volontaires, aux officiers, sous-officiers, caporaux et soldats, et si la décision du 6 décembre 1826, publiée par la circulaire du 1er janvier 1827 (*Journal militaire*, page 5), est scrupuleusement exécutée.

Il rappellera aux chefs de corps et aux conseils d'administration que, des allocations ayant été calculées dans la vue de pourvoir à tous les besoins, les masses secrètes sont sans excuses; que les fonds que le Gouvernement leur remet sont confiés à leur loyauté pour en user dans l'intérêt de l'État; que toute remise faite dans des intérêts individuels, et sous quelque forme que ce soit, prendrait un caractère offensant pour l'honneur militaire, et que le ministre sévira avec la dernière rigueur contre les officiers qui s'en seront rendus coupables, et contre les chefs de corps qui auront ordonné ou toléré ces remises, ou qui n'auront pas usé de tous les moyens en leur pouvoir pour les découvrir, s'il en existe.

ART. 90.

L'inspecteur général s'assurera si les fonds mis à la disposition du régiment ont reçu la destination qui leur était assignée, et si les fonds de première mise de petit équipement pour les recrues ont été versés à la masse de ces hommes. Il n'omettra aucun moyen de s'assurer que le conseil d'administration passe lui-même les marchés d'habillement, de grand et de petit équipement qui lui incombent; que toutes les fournitures livrées en vertu de ces marchés entrent réellement dans les magasins, après que les effets ont été examinés et revêtus du timbre de réception, et que l'abus des distributions fictives n'a jamais lieu.

ART. 91.

Il examinera le registre des dépenses des écoles du premier et du second degré; il comparera les dépenses de l'exercice qu'i doit arrêter avec celles qui ont été faites dans les deux années précédentes, relativement au nombre d'élèves qui ont suivi les cours et aux résultats plus ou moins satisfaisants qui auront été obtenus : il rendra compte de cet examen dans son rapport d'ensemble.

Il s'assurera que les dépenses de la fanfare sont bien entendues, et qu'il reste en caisse un fonds suffisant pour le renouvellement des instruments.

ART. 92.

L'inspecteur général s'assurera qu'il n'a été fait aucune dépense effective, sans autorisation préalable du ministre, sur les sommes provenant des anciennes masses d'habillement et de casernement et qui ont été versées aux fonds divers. Il vérifiera la caisse du corps et s'assurera qu'elle renferme exactement, soit en numéraire, soit en récépissés de dépôt au trésor, la somme qui doit s'y trouver au jour où il fera cette vérification. S'il existait des pièces représentatives de fonds, l'inspecteur général en ferait réintégrer immédiatement le montant dans la caisse. Il s'assurera aussi que les membres du conseil d'administration qui doivent être dépositaires des clefs de la caisse ne s'en dessaisissent sous aucun prétexte et sont toujours présents lors des entrées et des sorties de fonds.

ART. 93.

La comptabilité du corps devant être arrêtée par le commissaire général avant d'être soumise à l'inspecteur général, si cette opération ne se trouvait pas terminée en temps utile, l'inspecteur général prescrirait au commissaire aux revues d'arrêter la comptabilité de l'exercice au lieu et place du commissaire général absent ou empêché.

ART. 94.

Après avoir acquis une connaissance suffisante de la situation de la comptabilité du corps, l'inspecteur général devra clore celle de l'exercice expiré, sauf à improuver dans ses ordres les infractions qu'il aurait remarquées pendant sa revue, et à prescrire les réintégrations qu'il aurait jugées devoir être faites à la caisse ou au magasin du corps.

ART. 95.

Quant à la comptabilité de l'exercice courant, l'inspecteur général se bornera à vérifier si les écritures sont à jour, si elles sont régulièrement tenues, et si le commissaire aux revues a arrêté provisoirement les trimestres expirés.

Conseils d'administration.

ART. 96.

L'inspecteur général s'assurera que les règles tracées par l'ordonnance du 22 juin 1847, pour l'installation des conseils d'administration, ont été ponctuellement observées.

VI° SECTION.

VISITE DES ÉTABLISSEMENTS MILITAIRES.

Hôpitaux.

ART. 97.

L'inspecteur général se rendra à l'hôpital de la marine, où il sera reçu par le directeur du service de santé, par l'officier du commissariat qui a la surveillance de l'hôpital, et par le directeur du génie militaire ou par l'ingénieur des travaux hydrauliques chargé des bâtiments militaires, lesquels l'accompagneront dans sa visite. Il prendra des informations sur l'état des bâtiments, et s'assurera si les aliments, les médicaments et les fournitures de couchage ne donnent lieu à aucune plainte de la part des malades, si les officiers de santé et les officiers d'administration sont zélés et assidus, et si les dispositions de la circulaire du 20 novembre 1846, relative à l'admission de ministres des différents cultes dans les hôpitaux, sont régulièrement exécutées; il s'assurera, en outre, que les salles sont tenues proprement, que les malades sont bien soignés et que les employés remplissent exactement leurs devoirs.

Dans les hospices civils, l'inspecteur général s'assurera, seulement, de la qualité des aliments et des médicaments, ainsi que des soins donnés aux militaires malades.

S'il trouve dans les hôpitaux ou dans les hospices des hommes impropres au service et dont les corps soient éloignés, il les fera placer en subsistance dans le régiment de son inspection le plus voisin, quelle que soit l'arme à laquelle ils appartiennent, afin qu'il soit statué à leur égard conformément aux instructions ministérielles (1).

L'inspecteur général s'informera s'il n'existe pas dans les hôpitaux des hommes qui y font un trop long séjour : dans le cas où il en trouverait, il donnerait l'ordre de faire rentrer à leurs corps ceux qui seraient en état de rejoindre, et accorderait à ceux qui en auraient besoin des congés de convalescence dont il fixerait la durée, mais qui ne pourraient dépasser six mois.

Il rappellera que, conformément à la note ministérielle du 6 mars 1841 (*Journal militaire*, page 76), les officiers de santé des hôpitaux doivent vacciner les militaires admis dans leurs salles, et notamment les jeunes soldats, lorsque l'absence de traces matérielles de variole ou de vaccination indique la nécessité de cette opération.

---

(1) Voir l'instruction du 3 mai 1844 (*Journal militaire*, p. 275) et la circulaire du ministre de la marine, en date du 25 juin 1846 (direction du personnel, bureau des corps organisés).

Prisons.

ART. 98.

L'inspecteur général, accompagné du chef du génie ou de son suppléant, visitera la prison militaire; il examinera l'état des bâtiments et la manière dont les prisonniers y sont traités, ainsi que la qualité des aliments qui leur sont distribués; il s'assurera que la paille leur est délivrée régulièrement et dans les quantités prescrites par les règlements; que la prison est tenue proprement, qu'elle est aérée et placée dans un endroit salubre; et il fera les observations auxquelles son examen pourra donner lieu.

S'il n'y a pas de prisons spécialement affectées aux militaires, il examinera, quant au régime, celle dans laquelle ils sont détenus, et renouvellera l'ordre de les séparer, autant que possible, des autres prisonniers.

L'inspecteur général examinera si les prisonniers sont classés selon qu'ils doivent l'être, d'après leur position d'hommes en prévention ou de condamnés à une peine correctionnelle, et si, parmi les détenus, il se trouve des militaires punis seulement pour des fautes de discipline, et qui n'auraient été mis à la prison de la ville ou du port que pour rendre leur punition plus rigoureuse.

Il rendra compte au ministre, dans son rapport d'ensemble, de tout ce qu'il aura trouvé de vicieux dans le régime actuel des prisonniers, et fera connaître les moyens d'amélioration qu'il croira possibles.

Boulangerie, pain, liquides et autres denrées distribuées aux troupes.

ART. 99.

L'inspecteur général se rendra à la boulangerie, accompagné du chef du génie ou de son suppléant et du commissaire de la marine chargé du service des subsistances; il examinera si les locaux sont bien situés, en bon état, tenus proprement et garnis de tous les effets et ustensiles nécessaires.

Il examinera si les approvisionnements en blé sont d'une qualité parfaitement satisfaisante; si les farines proviennent de grains convenablement nettoyés et de moutures bien faites; si le blutage est effectué à l'extraction de la quantité de son déterminée par le ministre pour les différentes espèces de blé.

Il donnera une attention particulière au pain délivré à la troupe, afin de juger s'il est bien manutentionné, bien cuit, s'il a le poids fixé, s'il est tel enfin qu'on doit l'obtenir d'une fabrication faite avec de bonnes farines : il examinera également les autres denrées et les liquides distribués aux troupes, et s'assurera qu'ils réunissent les qualités exigées.

Il se fera représenter le registre de visite des denrées mises en distribution, et il indiquera dans son rapport d'ensemble si, d'après les annotations de ce registre, le service est habituellement bien fait : dans le cas où les troupes élèveraient des plaintes, l'inspecteur général demanderait des explications au commissaire des subsistances; il consignerait dans son rapport d'ensemble le résultat de ces explications, ainsi que son opinion motivée sur l'objet de la plainte.

Chauffage.

ART. 100.

Si l'inspecteur général reçoit des plaintes, soit sur la qualité des combustibles, soit sur l'insuffisance des allocations, il s'assurera de leur fondement et de leurs causes, et il prescrira au commissaire aux revues de prendre des mesures pour les faire cesser. Il rendra compte, s'il y a lieu, au ministre, dans son rapport d'ensemble, des plaintes qui lui auront été ainsi portées, et il mentionnera également si les dispositions de l'instruction sur le service du chauffage et de l'éclairage, du 8 novembre 1847, reçoivent leur application, spécialement en ce qui concerne la surveillance à exercer dans les cuisines.

Magasins militaires.

ART. 101.

Dans les colonies, l'inspecteur général visitera les magasins militaires contenant des effets à l'usage des troupes de la marine; il s'y rendra accompagné du chef du génie ou de son suppléant et du commissaire aux approvisionnements : il examinera si les locaux sont en bon état, et si les denrées, matières ou effets qu'ils contiennent sont de bonne qualité et entretenus avec soin. Il prescrira les mesures qu'il jugera convenables pour faire cesser les abus qu'il aura remarqués; il informera le gouverneur de la colonie des observations qu'il aura faites à ce sujet, ainsi que des ordres qu'il aura laissés pour rétablir la ponctuelle exécution des prescriptions ministérielles.

VIIe SECTION.

TRAVAUX DE CLÔTURE DE L'INSPECTION ET REVUE D'HONNEUR.

Réclamations.

ART. 102.

D'après les circulaires des 22 décembre 1820, 27 février 1822 et 10 avril 1832, insérées au *Journal militaire*, et conformément aux articles 292 à 295 de l'ordonnance du 2 novembre 1833, sur le service intérieur, les militaires de tout grade ne doivent adresser leurs réclamations qu'à leurs chefs respectifs. Bien que ces dispositions aient été reproduites dans une note ministérielle du 26 juin 1835 (*Journal militaire*, page 273) et une note du ministre de la marine en date du 7 mai 1855 (*Bulletin officiel de la marine*, 1er semestre, 1855, p. 243), il parvient fréquemment au ministre des demandes qui n'ont point passé par l'intermédiaire des préfets maritimes ou des gouverneurs des colonies. Pour mettre un terme à des infractions si contraires à la discipline et au bien du service, l'inspecteur général renouvellera les défenses qui ont été faites à cet égard, et il fera connaître, par la voie de l'ordre du jour, que tout officier, sous-officier, caporal ou soldat, qui, hors les cas prévus par les règlements, s'adressera au ministre par une autre voie que celle de ses chefs, sera puni de quatre à huit jours d'arrêts ou de salle de police. Les punitions infligées pour des fautes de cette nature seront toujours mises à l'ordre du corps. Il rappellera, en outre, qu'aux termes d'une note ministérielle en date du 10 février 1853, insérée au *Journal militaire*, en ce qui concerne particulièrement les officiers, l'infraction dont il s'agit pourra également donner lieu à l'insertion d'une note défavorable à leur dossier.

Les dispositions qui précèdent sont applicables aux militaires de tous grades qui, étant absents de leurs corps pour quelque motif que ce soit, adresseront directement des demandes au ministre : dans ce cas, la punition leur sera infligée à leur retour.

L'article 291 de l'ordonnance du 2 novembre 1833 établit, comme disposition générale, que les réclamations individuelles sont les seules autorisées; l'inspecteur général rappellera que, d'après ce principe, les officiers, les sous-officiers, les caporaux et les soldats ne peuvent, en aucun cas, adresser des observations, demandes, pétitions ou plaintes collectives, ni à leurs chefs immédiats, ni à l'autorité supérieure.

Il fixera un jour pour recevoir *en particulier* les officiers ainsi que les sous-officiers, les caporaux et les soldats, qui auraient à lui présenter des réclamations. Il statuera, conformément aux règlements, sur celles qui n'exigeraient pas une décision spéciale du ministre. Quant à celles qui tendraient à provoquer une décision ministérielle, il s'informera si elles ont déjà été soumises au ministre, et se fera représenter, dans ce cas, la réponse qui aura été faite. Il repoussera les réclamations qui ne lui paraîtraient pas fondées, et fera connaître sa décision aux intéressés. L'inspecteur général ne perdra pas de vue que, dans la catégorie des demandes non fondées, doivent être comprises celles dont le but serait d'obtenir *l'exemption* ou la *dispense* du service, soit pour des causes survenues postérieurement à la décision qui a placé les réclamants dans le contingent, soit parce que ceux-ci n'auraient pas, *par une cause quelconque*, produit en temps utile au conseil de révision les justifications ordonnées (circulaires du 11 juillet 1836, *Journal militaire*, page 20, et 1er septembre 1837, *Journal militaire*, page 193). Enfin il ne transmettra au ministre que les demandes susceptibles d'être accueillies, en y joignant *son opinion motivée*.

Permutations.

ART. 103.

L'inspecteur général ne proposera au ministre le passage d'un officier des grades inférieurs dans un autre corps, qu'autant qu'il pourra présenter en même temps, pour la permutation, un officier du même grade, soit d'un autre corps de la marine, soit d'un des corps du département de la guerre, et en se conformant, à cet égard, aux dispositions prescrites par les articles 55, 56, 57 et 58 de l'ordonnance du 16 mars 1838 pour l'exécution de la loi sur l'avancement dans l'armée.

Toute proposition contraire est inadmissible, attendu que, hors le cas de permutation, le changement de régiment d'un officier des grades inférieurs est préjudiciable aux intérêts et aux droits des tiers.

Lorsqu'il s'agira d'une permutation entre un capitaine, un lieutenant ou un sous-lieutenant du régiment d'artillerie ou des régiments d'infanterie de la marine et un officier du même grade d'un corps de la même arme du département de la guerre, le plus ancien devra faire la déclaration suivante :

« Je soussigné (*le nom et le grade*) au régiment d
« demande à permuter avec M. (*le nom et le grade*) au
« régiment d , et déclare, à cet effet, renoncer
« volontairement à mon ancienneté de grade pour prendre au
« régiment d le rang qu'y occupe cet officier.
« A , le 18 . »

Cette déclaration sera jointe à la proposition.

Si l'inspecteur général juge qu'il soit dans l'intérêt du service d'autoriser des permutations entre des officiers faisant partie de l'état-major du corps et des officiers de la compagnie, il devra en adresser la proposition au ministre, en se conformant aux articles 53 et 57 de l'ordonnance du 16 mars 1838.

L'inspecteur général rappellera aux chefs de corps qu'aucune demande de permutation, de quelque nature qu'elle soit, ne doit être transmise au ministre dans l'intervalle d'une inspection générale à l'autre.

Démission des officiers.

ART. 104.

Les officiers que des convenances personnelles obligeraient de quitter le service ne pourront, sous aucun prétexte, être mis en non-activité; ils devront donner leur démission. Cette démission, à laquelle devra être jointe une lettre du chef du corps faisant connaître les motifs qui obligent l'officier à se retirer, sera conçue dans les termes ci-après :

« Je soussigné (*le nom, le grade, le corps*) offre ma démission « de l'emploi et du grade qui m'ont été conférés dans l'armée; « déclare, en conséquence, renoncer volontairement et d'une « manière absolue aux prérogatives attachées à ces grade et em- « ploi, et demande à me retirer dans mes foyers, à « arrondissement d département d
« A , le 18 . »

Notes sur les officiers.

ART. 105.

Les notes sur les officiers doivent être données par le colonel ou le commandant de la portion de corps; elles seront l'objet de l'investigation la plus scrupuleuse de la part de l'inspecteur général, qui les comparera avec le registre du personnel tenu par le lieutenant-colonel. D'après la connaissance que l'inspecteur général aura acquise de la conduite, des principes, de l'instruction et de l'aptitude au service de chaque officier, *il inscrira lui-même*, sur le cahier des notes, l'opinion qu'il se sera formée sur son compte.

Les notes du chef de corps et de l'inspecteur général seront rédigées d'une manière concise, mais avec assez de détail et de précision pour que le ministre soit à même d'apprécier le mérite des officiers.

Quant à ceux qui ne se trouveraient pas au corps, leur absence et les motifs qui y ont donné lieu seront indiqués à leur article.

Les notes qui désigneraient un officier comme ayant une mauvaise conduite, ou ne possédant pas l'aptitude nécessaire pour bien remplir les fonctions de son emploi, devront (*lorsque l'officier ne sera pas l'objet d'une proposition tendant à ce qu'il soit éloigné des rangs de l'armée*) être accompagnées d'observations faisant connaître les motifs qui auront porté l'inspecteur général à ne pas établir, à l'égard de cet officier, une proposition de mise en non-activité, de réforme ou d'admission à la retraite.

L'inspecteur général se reportera aux dispositions de la circulaire du 28 septembre 1847 (*Journal militaire*, page 243), relative aux dettes contractées par les officiers.

Notes sur les officiers de santé attachés aux corps.

ART. 106.

Ces notes seront portées sur une feuille particulière, et devront faire connaître spécialement si les officiers de santé sont regardés comme possédant l'instruction nécessaire à l'exercice de leur art; s'ils s'occupent de perfectionner leurs connaissances; s'ils servent avec zèle, et quel degré de confiance on leur accorde dans le corps.

Notes sur les officiers du corps d'état-major détachés dans les régiments.

ART. 107.

Conformément à l'ordonnance du 23 février 1833, l'inspecteur général fera subir, aux capitaines et aux lieutenants du corps d'état-major détachés dans les régiments, des examens sur la théorie et la pratique des manœuvres, ainsi que sur toutes les parties du service, y compris l'administration des compagnies. Il les examinera, en outre, sur le service spécial d'état-major.

Il leur donnera ordre de faire la reconnaissance d'une route ou d'un cours d'eau sur une étendue de huit à dix kilomètres au plus; cet ordre sera donné par l'inspecteur général, en double expédition.

Une journée sera consacrée au levé du terrain, et le travail complet sera remis au bout de quarante-huit heures.

Les reconnaissances comprendront le levé à vue de la route ou des cours d'eau, à l'échelle de 1/20000 avec les embranchements et les accidents du terrain, en s'étendant de chaque côté de la route à la distance nécessaire pour faire suffisamment connaître le terrain environnant.

Toutes les positions comprises dans le terrain levé devront être indiquées; mais il conviendra de ne décrire avec détails que les positions susceptibles d'être défendues par une brigade, ou tout au plus par une division. Le dessin sera exécuté au crayon mine de plomb, et conformément aux instructions données à l'école d'application d'état-major.

Un tableau itinéraire, conforme au modèle qui est inséré dans l'*Agenda* d'état-major, tiendra lieu de mémoire ou de rapport; il devra renfermer, dans ses diverses colonnes, tous les renseignements descriptifs, statistiques et militaires que comportera le travail, et eu égard au peu de temps accordé pour son exécution. En tête de ce tableau, l'officier placera une des deux expéditions de l'ordre qui lui aura été donné par l'inspecteur général, et gardera l'autre pour la représenter, au besoin, à l'une des inspections suivantes.

L'officier datera et signera chaque tableau, après l'avoir rempli en entier.

L'inspecteur général donnera son avis sur l'exécution de ces travaux dans les feuilles de rapports spéciaux, conformes au modèle, et destinées à contenir ses notes sur la conduite des officiers d'état-major détachés, sur la manière de servir et le zèle avec lesquels ils se livrent aux études nécessaires au perfectionnement de leur instruction. Ces rapports spéciaux seront adressés au ministre avec les tableaux itinéraires et les levés.

ART. 108.

L'inspecteur général s'assurera que les lieutenants d'état-major détachés servent dans les compagnies, et que, conformément à ce qui est réglé en principe pour le service des officiers à la suite, ils concourent avec les titulaires pour les services de semaine, pour les différents tours de service de place, ainsi que pour le commandement des détachements composés d'hommes de diverses compagnies; qu'ils sont employés soit au remplacement des titulaires de leur grade absents ou dispensés de service, soit à des fonctions spéciales d'administration ou d'instruction, excepté celles de directeur des écoles du premier et du second degré. L'inspecteur général ne perdra pas de vue que les lieutenants d'état-major ne sont admis à concourir au service des adjudants-majors que pendant la seconde année de leur stage dans l'infanterie, et seulement lorsqu'ils y seront jugés propres par les inspecteurs généraux; qu'enfin les capitaines détachés sont seuls appelés à remplir les fonctions d'adjudant-major sans désignation préalable.

L'inspecteur général désignera les lieutenants d'état-major qu'il reconnaîtrait aptes à faire le service d'adjudant-major pendant la seconde année, et rendra compte au ministre de la manière dont chacun de ces officiers aura été employé depuis son arrivée au corps.

Propositions pour l'avancement.

ART. 109.

La loi consacre le droit à l'avancement pour la part dévolue à l'ancienneté seulement. L'avancement au tour du choix est donnée aux militaires qui, réunissant les conditions légales pour passer d'un grade à un autre, sont portés sur le tableau d'avancement.

L'inscription d'un officier sur le tableau de présentation et d'un sous-officier sur le tableau d'avancement de l'année précédente ne leur constitue aucun droit pour être présentés de nouveau, ces tableaux ne devant être consultés qu'à titre de renseignement seulement: il en est de même de toutes les propositions faites en dehors des inspections, soit aux armées actives, soit aux colonies, soit à l'intérieur, en raison de circonstances extraordinaires. Toutefois, les officiers et les sous-officiers appartenant à des portions de corps, qui n'auraient pas été inspectés dans le courant de l'année, seront maintenus de droit, les uns sur les tableaux de présentation, et les autres sur les tableaux d'avancement.

Le tableau d'avancement pour le grade de sous-lieutenant, arrêté à la suite des inspections précédentes, cesse d'être valable aussitôt que l'inspecteur général de l'arme a transmis au ministre le tableau de classement qu'il doit établir en exécution de l'ordonnance du 21 décembre 1845 et de l'article 110 de la présente instruction.

L'inspecteur général s'abstiendra de présenter pour l'avancement des officiers qui, en raison de leur âge ou de l'état habituel de leur santé, n'offriraient pas pour un grade supérieur toutes les garanties d'activité et d'avenir désirables.

ART. 110.

L'état de fractionnement dans lequel se trouvent placés le régiment d'artillerie et les régiments d'infanterie de la marine, et les mouvements continuels qui ont lieu dans le personnel des différentes portions de ces corps, ne permettent pas de déterminer le nombre des propositions pour l'avancement au choix qui peuvent être faites dans chacune de ces portions de corps, et rendent impossible l'établissement, pour chaque régiment, et par le même inspecteur général, du tableau d'avancement dont il est fait mention à l'article 82 de l'ordonnance du 16 mars 1838. Il résulte de cette situation particulière, inhérente au service auquel sont appelés les corps de la marine, d'une part, une surabondance de propositions souvent nuisible; d'autre part, l'absence d'un travail d'ensemble offrant les moyens de juger du mérite relatif des candidats susceptibles de concourir pour le même grade.

Pour remédier à ces inconvénients, il est établi au département, par l'inspecteur général de chacune des deux armes de l'artillerie et de l'infanterie de la marine [1], un tableau de classement des candidats proposés pour l'avancement, d'après les listes de présentation dressées à la dernière revue d'inspection générale dans les différentes portions de corps stationnées soit aux colonies, soit en France, conformément aux prescriptions de l'article 83 de l'ordonnance du 16 mars 1838, et d'après les désignations faites sur ces listes par les officiers généraux qui ont été chargés d'inspecter lesdites portions de corps.

Les candidats à l'avancement au choix sont classés sur ce tableau par ordre de préférence, dans chaque grade, pour toute

[1] Ordonnance du 21 décembre 1845.

l'arme, jusqu'au grade de sous-lieutenant, où ils sont classés, dans l'infanterie, par régiment. L'inspecteur général de l'arme détermine le rang que doit occuper chaque candidat, en consultant les notes et le numéro de préférence donnés, dans chaque portion de corps, par l'inspecteur général qui a fait la proposition.

Le nombre des candidats qui peuvent être portés sur le tableau de classement, pour le grade de sous-lieutenant d'infanterie de la marine, doit être le double des avancements au choix présumés à donner dans l'année.

Dans le corps d'artillerie de la marine, les propositions pour le grade de sous-lieutenant n'ont lieu qu'après un examen subi dans les formes et sur les matières déterminées par le règlement du 13 octobre 1848 (*Bulletin officiel de la marine*, 2e semestre. 1848, page 440).

ART. 111.

C'est au chef de corps qu'il appartient de faire valoir les titres que chacun de ses subordonnés peut avoir à l'avancement : il ne doit nullement s'arrêter à l'ancienneté relative des candidats, mais, au contraire, n'avoir en vue que leur mérite, l'intérêt du commandement et le bien du service.

Le chef de corps présente à l'inspecteur général, comme concurrents, les officiers de tout grade sous ses ordres qui lui paraissent mériter de l'avancement, et les sous-officiers qu'il juge susceptibles d'être proposés pour le grade de sous-lieutenant.

Ces officiers et sous-officiers sont portés par ordre de mérite sur les listes de présentation dressées, et aucune proposition ne doit être transcrite sur l'exemplaire de la deuxième partie du livret destiné au ministre qu'après la sanction de l'inspecteur général. Le tableau d'avancement des sous-officiers proposés pour le grade de sous-lieutenant devra être accompagné de l'état signalétique et des services et du relevé des punitions de chacun des militaires qui s'y trouvent portés, ainsi que de l'acte de naissance de ceux d'entre eux qui sont proposés pour la première fois.

Ne pourront être présentés pour concurrents les officiers et les sous-officiers qui n'auraient pas accompli, au 31 décembre de l'année dans laquelle aura lieu la revue d'inspection, le temps de service exigé pour obtenir de l'avancement.

ART. 112.

Si l'inspecteur général reconnaissait que le chef de corps ne se fût pas conformé exactement aux dispositions ci-dessus, il lui donnerait l'ordre de compléter ses propositions ou de choisir d'autres concurrents pour remplacer ceux qui ne devraient pas être maintenus sur la liste de présentation.

L'inspecteur général ayant examiné les titres des concurrents présentés par le chef de corps, et s'étant assuré, pendant le cours de son inspection, de leur mérite et de leur capacité, désignera ceux d'entre eux qu'il aura reconnus dignes d'être portés au tableau d'avancement, et indiquera ceux dont la proposition lui paraîtra devoir être ajournée ou rejetée, soit en raison du trop grand nombre de présentations faites par le chef de corps, soit parce que les concurrents présentés ne réuniraient pas toutes les conditions désirables.

L'inspecteur général portera lui-même sur la liste de présentation les lieutenants-colonels qu'il jugera susceptibles de remplir les fonctions de colonel, ainsi que les chefs de bataillon commandants de portion de corps qui lui paraîtront dignes d'être proposés pour le grade de lieutenant-colonel.

L'inspecteur général ne perdra pas de vue qu'en conformité d'une décision ministérielle du 20 août 1852 (*Journal militaire*, p. 114), les capitaines d'infanterie ne peuvent être proposés pour le grade supérieur qu'autant qu'ils justifient de leur aptitude à conduire et à manœuvrer un cheval en face de la troupe.

ART. 113.

Le nombre des concurrents à présenter par le chef de corps à l'inspecteur général, et celui des candidats à proposer, dans chaque grade et dans chaque portion de corps, par l'inspecteur général, sur les lieux, ne sont pas limités. Mais le chef de corps et l'inspecteur général doivent s'attacher à ne présenter que des sujets qui non-seulement remplissent les conditions exigées par la loi et par les règlements, mais encore soient véritablement dignes d'avancement au choix; car il ne suffit pas qu'ils aient l'ancienneté voulue : il est indispensable qu'une excellente conduite, une manière de servir continuellement exemplaire, une instruction militaire complète et une capacité bien reconnue ne laissent aucun doute sur leur aptitude à exercer les fonctions du grade supérieur. *Le colonel et l'inspecteur général devraient donc s'abstenir de proposer aucun candidat, plutôt que d'en présenter un qui ne remplirait pas, à tous égards, ces conditions.* Ils ne perdront pas de vue, d'ailleurs, qu'aux termes d'une décision rappelée dans la note ministérielle du 21 septembre 1838 (*Journal militaire*, p. 146), le rang obtenu dans le classement annuel des travaux militaires et topographiques doit entrer comme élément dans l'établissement des propositions pour l'avancement, et ils devront également tenir compte lors de la formation des listes de présentations, des services spéciaux rendus par les officiers chargés des fonctions de rapporteur ou de commissaire du Gouvernement près des conseils de guerre.

Lorsque les inspections générales seront passées par les préfets maritimes ou les gouverneurs des colonies, le nombre des candidats pour les propositions de toute nature à faire dans chaque détachement et dans chaque localité sera indiqué *par une circulaire spéciale.*

ART. 114.

Le choix des candidats pour la sous-lieutenance réclame toute l'attention de l'inspecteur général. Les deux tiers de grades de lieutenant et de capitaine étant dévolus par la loi à l'ancienneté, les sous-lieutenants arrivent de droit à ce dernier grade, et l'on doit comprendre que des nominations de sous-lieutenant dépend essentiellement la bonne composition des cadres de l'armée. Il est indispensable dès lors de ne proposer pour candidats au grade de sous-lieutenant que des sous-officiers ayant la capacité, l'instruction et la fermeté nécessaires pour commander un jour une compagnie.

L'inspecteur général s'assurera, par un examen personnel. de l'instruction théorique et pratique des concurrents présentés par le chef du corps, et ne portera sur le tableau d'avancement que les sous-officiers qui rempliront au plus haut degré les conditions indiquées ci-dessus, et seront reconnus avoir l'instruction première indispensable aux fonctions qu'ils peuvent être appelés à remplir. Les écoles régimentaires leur offrent les moyens d'acquérir cette instruction; s'ils ne l'acquièrent pas, ils prouveront une incapacité qui ne permet pas d'en faire des officiers.

L'inspecteur général donnera des *notes détaillées sur chacun des sous-officiers qu'il inscrira au tableau d'avancement comme candidats au grade de sous-lieutenant*, et il indiquera ceux des sous-officiers proposés qui sont propres aux emplois d'adjoint au trésorier, d'adjoint à l'officier payeur ou d'adjoint au capitaine d'habillement.

ART. 115.

L'inspecteur général examinera l'état des soldats, des caporaux, des fourriers, des sergents et des sergents-majors susceptibles d'occuper le grade ou l'emploi immédiatement supérieur; il s'assurera que les candidats réunissent les conditions exigées par la loi sur l'avancement et par l'ordonnance du 16 mars 1838, et qu'il a été procédé à leur choix ainsi que le prescrivent les articles 78 et 79 de cette ordonnance. Il arrêtera ensuite le tableau, après avoir fait les radiations qu'il croira nécessaires à l'effet de n'y maintenir que les militaires les plus dignes d'avancement par leur capacité et leur instruction, et sans avoir égard aux besoins présumés du service dans l'intervalle d'une inspection à l'autre, attendu que, conformément à l'article 80 de l'ordonnance précitée, les chefs de corps peuvent établir des listes supplémentaires, et que cette faculté leur permet d'y porter des hommes qui, au moment de l'inspection, ne satisferaient pas aux conditions d'ancienneté prescrites. Il recommandera d'ailleurs au chef de corps de remettre à chaque chef de bataillon un extrait du tableau d'avancement en ce qui concerne les sujets appartenant aux compagnies qui sont sous les ordres de cet officier supérieur, et de se conformer exactement aux dispositions de ladite ordonnance pour la nomination des sujets qui seront pris sur ce tableau, à mesure qu'il surviendra des vacances.

L'inspecteur général vérifiera si, conformément aux dispositions de l'article 66 du règlement sur les écoles régimentaires (*Journal militaire*, année 1835, p. 400), les élèves qui ont obtenu le plus de succès dans les cours sont toujours portés, de préférence aux autres militaires, sur les tableaux d'avancement, lorsque, d'ailleurs, ils réunissent toutes les qualités exigées pour y être compris. S'il n'en est point ainsi, il donnera des ordres pour assurer la ponctuelle exécution de l'article précité.

Propositions pour les fonctions spéciales dans les corps.

ART. 116.

En exécution des articles 47, 48, 49 et 50 de l'ordonnance du 16 mars 1838, l'inspecteur général désignera, parmi les sujets qui lui auront été présentés par le chef de corps, sur les listes d'aptitude aux fonctions d'adjudant-major, de trésorier, de capitaine d'habillement, d'adjoint au trésorier et de porte-aigle, ainsi qu'aux autres fonctions spéciales que comporte l'organisation des régiments d'artillerie et d'infanterie de la marine, les candidats qu'il aura reconnus susceptibles d'occuper les emplois pour lesquels ils auront été présentés.

Les présentations devront porter exclusivement, savoir :

Pour l'emploi d'adjudant-major..... ———— de trésorier......... ———— de capitaine d'habillement............	Sur des capitaines, ou, à défaut de capitaines aptes à ces fonctions, sur des lieutenants proposés pour l'avancement au choix et ayant au moins sept ans de service effectif.
———— de lieutenant officier payeur........... ———— de lieutenant officier d'habillement...... ———— de lieutenant d'armement............	Sur des lieutenants ou sur des sous-lieutenants ayant les uns et les autres au moins sept ans de service effectif.
———— de sous-lieutenant adjoint au trésorier... ———— de sous-lieutenant adjoint à l'offic. payeur. ———— de sous-lieutenant adjoint au capitaine d'habillement......	Sur des sous-lieutenants, ou, à défaut de sous-lieutenants aptes à ces fonctions, sur des sous-officiers proposés pour le grade de sous-lieutenant.
———— de sous-lieuten. porte-aigle............	Sur des sous-lieutenants ayant au moins sept ans de service actif.

Le nombre de candidats à présenter pour chacun des emplois ci-dessus désignés n'est pas limité; toutefois, le chef de corps ne devra porter sur la liste de présentation que des sujets dont l'aptitude aura été parfaitement reconnue. Le même sujet pourra être proposé pour plusieurs emplois, lorsqu'il sera jugé propre à des fonctions spéciales de différente nature.

L'inspecteur général transcrira sur les états de proposition l'avis textuel du commissaire général et celui du commissaire aux revues sur la capacité et les connaissances administratives de chacun des officiers et des sous-officiers qu'il proposera pour comptables. (Voir les dispositions préliminaires, IV.)

Les dispositions de principe des articles 109 et suivants de la présente instruction (propositions pour l'avancement) sont applicables aux propositions pour les fonctions spéciales.

Il importe essentiellement que l'inspecteur général présente des capitaines de préférence à des lieutenants pour les emplois spéciaux (adjudant-major, trésorier et capitaine d'habillement).

Propositions pour la garde impériale.

ART. 117.

Pour être admis, en temps de paix, dans les divers corps de la garde, les officiers du corps d'infanterie de la marine devront avoir au moins, à l'époque de leur admission, les sous-lieutenants un an de grade, et les autres officiers deux ans.

En temps de guerre, tous les officiers, après un an de grade, pourront être admis.

Sont dispensés, en temps de paix comme en temps de guerre, de toute condition d'ancienneté les officiers qui se seraient honorés par une action d'éclat.

L'inspecteur général proposera, en conséquence, comme candidats aux emplois de leur grade dans les corps d'infanterie, après s'être assuré de leur assentiment, qu'il spécifiera dans ses notes, les officiers qui, réunissant les conditions ci-dessus rappelées, lui paraîtront en outre les plus dignes de cette destination par leur conduite et la distinction de leurs services.

Le nombre des propositions sera limité par arrondissement d'inspection, savoir :

A deux capitaines,
deux lieutenants,
deux sous-lieutenants.

L'inspecteur général inscrira ses candidats sur la deuxième partie du livret, et aura soin d'indiquer le corps d'infanterie de la garde (grenadiers, zouaves, voltigeurs ou chasseurs à pied) pour lequel chacun d'eux sera présenté.

Propositions pour les écoles normales de tir.

ART. 118.

L'inspecteur général désignera dans chaque régiment, pour suivre les cours de l'école normale de tir, quatre lieutenants ou sous-lieutenants. Les désignations seront faites de manière que les officiers se trouvent en France au moment de l'ouverture des cours.

Ils devront réunir les conditions suivantes :

1° Être âgés de 35 ans au plus;

2° Avoir une instruction générale assez étendue pour suivre avec fruit les cours;

3° Posséder une instruction militaire complète.

L'inspecteur général choisira de préférence les sous-lieutenants sortant de l'école spéciale militaire, et qui auront un an de présence et plus au corps. Les lieutenants susceptibles d'être nommés capitaines à l'ancienneté pendant leur séjour à l'école normale ne pourront être proposés pour cette destination.

Propositions concernant les lieutenants qui demandent à passer dans la gendarmerie maritime.

ART. 119.

L'inspecteur général recevra les demandes qui lui seront faites par les lieutenants d'artillerie ou d'infanterie de passer au service de la gendarmerie maritime, et il transmettra au ministre celles qui lui paraîtront susceptibles d'être accueillies.

Propositions pour des emplois dans les compagnies de cipayes, de soldats noirs et dans les corps spéciaux.

ART. 120.

L'inspecteur général portera sur la 2e partie du livret les capitaines, lieutenants et sous-lieutenants, qui demanderaient à servir dans les compagnies de cipayes, dans les compagnies de soldats noirs, dans les corps spéciaux, et qu'il jugera susceptibles de faire un bon service dans ces divers corps (article 16 du décret du 31 août 1854).

Les demandes écrites de ces officiers seront jointes à ces propositions.

Propositions pour le commandement des établissements pénitentiaires et pour des emplois dans la compagnie de discipline.

ART. 121.

L'inspecteur général désignera, parmi les capitaines et lieutenants d'infanterie, quatre candidats pour les fonctions de commandant d'un établissement pénitentiaire : ces candidats devront réunir, comme conditions essentielles, un jugement sain, une moralité sévère, une énergie éprouvée et une santé qui leur permette de veiller à toutes les parties du service et de donner l'exemple de l'exactitude.

L'inspecteur général portera sur l'état à ce destiné les capitaines, lieutenants et sous-lieutenants d'infanterie qu'il jugera susceptibles d'être employés dans la compagnie de discipline; il indiquera ceux des lieutenants ou sous-lieutenants proposés qui seraient aptes à remplir les fonctions de comptable dans cette compagnie.

ART. 122.

L'inspecteur général proposera les sous-officiers, les caporaux et les clairons des portions de corps stationnées en France, qui, par leur conduite et leur fermeté dans le service, seraient propres à être employés dans la compagnie de discipline et qui demanderaient cette destination.

Il provoquera les demandes des caporaux et clairons, en faisant connaître les avantages de solde et d'avancement qui sont accordés aux militaires qui occupent ces emplois dans la compagnie de discipline. Il est nécessaire, en raison des fréquentes mutations qui ont lieu, dans les emplois de caporal surtout, de présenter le plus grand nombre de sujets qu'il sera possible, pourvu, toutefois, qu'ils unissent à une excellente conduite la fermeté que réclame ce genre de service. Le relevé des punitions de chaque candidat sera joint à l'état de proposition.

L'inspecteur général examinera avec le plus grand soin les caporaux, fourriers et sergents désignés comme susceptibles d'occuper le grade ou l'emploi immédiatement supérieur, et il apportera une attention particulière au choix des sous-officiers qu'il portera sur l'état d'avancement pour l'emploi de sergent-major, attendu l'importance de ces fonctions dans la campagnie de discipline.

Il transcrira sur cet état l'avis du commissaire aux revues relativement à la capacité et aux connaissances administratives des sous-officiers proposés pour les fonctions de sergent-major.

Propositions pour le service des places et les commandements de dépendances.

ART. 123.

Conformément aux ordonnances des 31 mai 1829 (*Journal militaire*, page 160) et 16 mars 1838 (page 487), l'inspecteur général désignera comme candidats aux emplois de commandant et d'adjudant de place les officiers ayant vingt ans de service effectif qui, par leur conduite, leur instruction et leur manière de servir, seront jugés dignes d'obtenir ces emplois et reconnus susceptibles de servir utilement dans les places.

Il ne proposera, d'ailleurs, pour ces emplois que des officiers qui répondront d'une manière satisfaisante aux questions qu'il leur adressera sur le règlement du 1er mars 1768, le décret du 24 décembre 1811 et celui du 24 messidor an XII, relatif aux préséances.

Il ne sera dérogé à la condition de vingt ans de service qu'en raison de blessures reçues ou d'infirmités contractées sous les drapeaux dans un service commandé.

Ces blessures ou infirmités devront être relatées sur l'état des services qui, dans ce cas, accompagnera la proposition.

L'inspecteur général proposera au ministre, pour les commandements de dépendances, ceux des chefs de bataillon et des capitaines qui, par leurs services, leur instruction, leur capacité et leur conduite, lui paraîtraient les plus susceptibles de remplir de pareils emplois.

Les propositions pour les commandements de dépendances ne pourront avoir lieu que pour les candidats qui seraient déjà portés sur le tableau d'avancement.

Propositions pour l'admission ou l'avancement dans l'ordre impérial de la Légion d'honneur.

ART. 124.

L'inspecteur général désignera, parmi les officiers, sous-officiers, caporaux et soldats que lui aura présentés le chef de corps pour l'admission ou l'avancement dans l'ordre de la Légion d'honneur, ceux qu'il jugera avoir le plus de titres à cette récompense, et il indiquera sur la liste de présentation ceux dont la proposition lui paraîtra devoir être ajournée ou rejetée.

Il ne pourra être présenté, pour le grade d'officier de la Légion d'honneur, que des officiers ayant au moins quatre ans d'ancienneté comme chevalier, et pour chevaliers, que des militaires ayant au moins vingt ans de service, campagnes comprises (1), ou qui, se trouvant dans un des cas d'exception prévus par l'article 19 de l'ordonnance du 26 mars 1816, auraient été proposés pour ladite récompense *depuis la dernière inspection générale*, soit pour une action d'éclat, soit pour une blessure grave reçue à la guerre. L'action d'éclat doit être de la nature de celles qui sont déterminées par le règlement du 3 mai 1832, sur le service en campagne. Les pièces justificatives doivent être établies conformément aux dispositions de l'instruction du 7 avril 1831, et jointes à la proposition de l'inspecteur général.

L'article 23 de la loi du 19 mai 1834, n'admettant comme service le temps qui s'est écoulé hors des cadres de l'armée de 1814 à 1830 que pour la réforme et pour la retraite, et encore, pour cette dernière récompense, jusqu'à concurrence seulement du *nombre d'années qui ouvrent le droit au minimum de la pen-*

---

(1) Les services effectifs ne seront comptés, dans la supputation des vingt années exigées, qu'à partir de l'âge où la loi permet de contracter un engagement volontaire (décision ministérielle du 12 février 1842). Le temps passé en non-activité par retrait ou suspension d'emploi ou pour infirmités temporaires devra en être défalqué.

sion de retraite, ce temps ne peut être compté pour l'admission dans la Légion d'honneur.

A moins de circonstances de guerre, aucun officier ne pourra être proposé pour l'admission ou l'avancement dans la Légion d'honneur, s'il n'est *depuis plus de deux ans* pourvu du grade dont il remplit les fonctions; cette condition de deux ans de grade n'est point applicable aux officiers promus au tour de l'ancienneté.

ART. 125.

L'inspecteur général apportera le plus grand soin à l'examen des présentations qui lui seront faites par les chefs de corps : le choix entre les candidats doit être déterminé plus particulièrement par le nombre de campagnes, par les blessures et par la conduite. Il s'attachera à ne proposer que les sujets les plus méritants, et devra donner, à l'égard des sous-officiers, des caporaux ou des soldats qu'il portera comme candidats, et sur lesquels il n'existe pas de notes au ministère, des renseignements détaillés qui mettent à même d'apprécier les titres de chacun d'eux.

Il veillera à ce que les présentations faites en faveur des sous-officiers, caporaux et soldats, soient accompagnées d'un état signalétique et des services, et d'un relevé des punitions remontant à cinq ans; qu'elles contiennent tous les renseignements exigés, et fassent connaître, en outre, les diverses propositions de la même nature dont les militaires qu'ils concernent auraient été précédemment l'objet. Il indiquera, pour les sous-officiers, caporaux et soldats proposés, s'ils ont été précédemment décorés de la médaille militaire.

Les dispositions de principe des articles 109 et suivants de cette instruction (tableau d'avancement) sont applicables aux propositions pour l'admission et l'avancement dans la Légion d'honneur.

ART. 126.

Conformément à la décision ministérielle du 6 août 1839 (*Journal militaire*, page 87), le nombre des candidats présentés par les chefs de corps pour l'admission ou l'avancement dans la Légion d'honneur sera double de celui que l'inspecteur général est autorisé à proposer, et qui est fixé ainsi qu'il suit :

Pour la décoration de commandeur, ceux des colonels qui seront jugés avoir le plus de titres par la distinction de leurs services.

Pour la décoration d'officier,

Artillerie, un officier supérieur sur six simples légionnaires;

Infanterie, *idem*.

Lorsque l'effectif en officiers supérieurs simples légionnaires ne pourra être exactement divisé par 6, et présentera un excédant supérieur à la moitié de ce chiffre, l'inspecteur général aura la faculté de présenter un candidat de plus.

Pour la décoration de chevalier,

Artillerie (régiment et compagnies d'ouvriers).. 12

Infanterie.............................. 36

Propositions pour la médaille militaire.

ART. 127.

L'inspecteur général désignera pour la médaille militaire, parmi les sous-officiers, caporaux et soldats de chaque arme, un nombre de candidats double de celui qu'il est autorisé à présenter pour l'admission dans la Légion d'honneur.

Ces candidats devront remplir l'une des conditions ci-après déterminées par le décret du 29 février 1852 :

1° S'être rengagés après avoir fait un congé, ou compter quatre campagnes effectives;

2° Avoir été cités à l'ordre de l'armée, quelle que soit leur ancienneté de service;

3° Avoir reçu une ou plusieurs blessures en combattant devant l'ennemi ou dans un service commandé;

4° S'être signalés par un acte de courage ou de dévouement méritant récompense.

Les sous-officiers, caporaux et soldats proposés pour la décoration de la Légion d'honneur seront compris de droit parmi les candidats pour la médaille militaire, et compteront dans le nombre ci-dessus indiqué.

Les propositions devront être accompagnées des mêmes pièces

et contenir les mêmes renseignements que les propositions pour l'admission des sous-officiers, caporaux et soldats dans la Légion d'honneur.

Propositions relatives aux officiers de santé attachés aux corps.

ART. 128.

Les propositions qui pourront être faites à l'égard des officiers de santé attachés aux corps de troupes pour services extraordinaires devront être l'objet d'états séparés : ces propositions seront toujours faites en dehors du travail des corps.

Propositions pour les emplois de garde dans l'administration des forêts et de préposé dans l'administration des douanes.

ART. 129.

En vertu de la décision du 27 décembre 1841, appliquée aux corps organisés de la marine par une autre décision du 9 mars 1842, il pourra être présenté un certain nombre de sous-officiers pour être admis aux emplois de *garde* dans l'administration des forêts et de *préposé* dans celle des douanes.

L'inspecteur général s'assurera que les candidats qui lui seront proposés pour l'un ou pour l'autre de ces services ont eu connaissance des dispositions de la note du 11 mai 1843, insérée au *Journal militaire*, page 234, et des avantages qui sont accordés, à partir du 1er janvier 1847, à chaque sous-officier nommé à un emploi de garde-pêche, de garde forestier ou de préposé des douanes (*Journal militaire*, 1er semestre, p. 152).

Les conditions à remplir pour être admis à ces deux candidatures sont les suivantes :

1° Être sous-officier en activité et avoir contracté, comme tel, au moins un rengagement;

2° Être âgé, à l'expiration de ce rengagement, savoir : de moins de 35 ans pour entrer dans l'administration des forêts, et de moins de 33 pour entrer dans celle des douanes;

3° Être dans la dernière année de son service, ou avoir accompli un premier rengagement de deux ans et s'être de nouveau rengagé, quel que soit le temps qui reste à courir;

4° N'avoir aucune des infirmités qui rendent impropre au service militaire, et, pour ceux qui se destinent à l'administration des douanes, n'être point marié;

5° S'être rendu digne de cette proposition par sa bonne conduite et par son zèle; savoir écrire correctement et pouvoir rédiger un procès-verbal.

Les mémoires de proposition (conformes au modèle) devront être accompagnés de certificats de visite des officiers de santé du corps et d'une demande rédigée et écrite par le candidat.

On y ajoutera, en outre :

1° L'état signalétique et des services de chaque candidat;

2° Le relevé de ses punitions.

Ces mémoires de proposition feront connaître :

1° Si le candidat désire un emploi d'expéditionnaire dans l'administration forestière, et s'il est apte à le remplir;

2° S'il sait l'allemand tel qu'on le parle dans quelques départements de l'Est;

3° Quelle est sa position de fortune pour le présent et pour l'avenir.

Dispositions applicables à diverses propositions.

ART. 130.

Les états de présentation arrêtés à la suite des inspections précédentes pour la garde impériale, la gendarmerie, le service des places et les commandements de dépendances, pour les fonctions spéciales dans les corps et des emplois dans les compagnies de cipayes, de soldats noirs et dans les corps spéciaux, pour le commandement des établissements pénitentiaires et des emplois dans la compagnie de discipline, ainsi que les propositions pour l'admission ou l'avancement dans la Légion d'honneur et pour la médaille militaire, cessent d'être valables aussitôt la réception des nouvelles listes d'aptitude et des nouveaux états de proposition établis par l'inspecteur général de l'arme.

Sauf le cas de retraite ou de réforme, l'âge, la durée des services et l'ancienneté de grade de tout militaire qui sera l'objet d'une proposition seront calculés jusqu'au 31 décembre de l'année dans laquelle aura lieu la revue d'inspection.

L'inspecteur général suivra, pour les propositions de toute espèce qu'il adressera en faveur des officiers, les états de services inscrits aux registres matricules. Les propositions concernant les officiers dont les services ne sont pas régulièrement constatés seront établies, à défaut de pièces authentiques, d'après leur déclaration sur l'honneur; mais cette circonstance devra toujours être indiquée dans la proposition.

A cette occasion, l'inspecteur général s'assurera si les registres matricules des officiers sont tenus au courant, c'est-à-dire si toutes les mutations qu'a éprouvées chaque officier, depuis qu'il est au corps, ont été inscrites avec soin, ainsi qu'il est prescrit par les règlements. Il rappellera, à cet égard, les instructions ministérielles du 29 août 1823 (*Journal militaire*, 1er sem. 1824, page 114), du 12 mars 1824 (*Journal militaire*, page 115), du 19 mars 1830 (*Journal militaire*, page 181), du 22 mai 1857 (*Bulletin officiel de la marine*, page 455), et il enjoindra d'envoyer au ministre, en suivant les dispositions de ces instructions, les états de service qui n'auraient pas encore été soumis à la vérification qu'elles ont ordonnée. D'après l'instruction du 12 mars 1824 précitée, les services des officiers, qui ne sont pas vérifiés, doivent être portés au crayon sur les matricules. On ne doit porter à l'encre que les services faits dans le corps même.

ART. 131.

Tout officier proposé pour la retraite, la réforme ou la non-activité, ne pourra quitter le corps qu'après avoir reçu l'avis ministériel que la proposition dont il est l'objet a été accueillie. Cependant, s'il exprime le désir de se rendre dans ses foyers en attendant que sa position soit réglée définitivement, ou s'il est hors d'état de faire un bon service actif, l'inspecteur général pourra lui délivrer immédiatement un congé avec demi-solde; il en rendra compte au ministre : le renvoi d'office devra être accompagné des certificats de visite et de contre-visite constatant l'inaptitude de l'officier qui en est l'objet.

Les dispositions du dernier paragraphe de l'article 39 de la présente instruction sont applicables à tout officier proposé soit pour la retraite, soit pour la réforme, à tout autre titre que par mesure de discipline.

ART. 132.

L'inspecteur général fera parvenir aux colonels commandant les régiments un double du tableau qu'il aura arrêté pour les grades de sous-lieutenant, de lieutenant et de capitaine, ainsi que les noms des militaires de tous grades qu'il portera sur les listes d'aptitude aux fonctions spéciales, ou qu'il présentera pour l'admission dans la Légion d'honneur, l'obtention de la médaille militaire, le service des places ou pour d'autres destinations. Il leur rappellera la circulaire du 16 juin 1835 (*Journal militaire*, page 248), et prescrira aux chefs de corps et de portions de corps d'informer directement le ministre, par une lettre particulière, et à mesure qu'il y aura lieu, de toute mutation qui entraînerait l'annulation des propositions qu'ils auraient été dans le cas de faire en faveur d'un officier, sous-officier, caporal ou soldat. Si le militaire était l'objet de plaintes qui fussent de nature à ne pas permettre de donner suite à une proposition pour l'avancement faite en sa faveur, les chefs de corps ou de portions de corps adresseraient au ministre, par la voie hiérarchique, un rapport détaillé pour provoquer la radiation du candidat sur le tableau de concours (articles 88 et 89 de l'ordonnance du 16 mars 1838).

Quant aux militaires qui sont portés sur le tableau d'avancement pour les emplois de caporal ou de sous-officier, leur radiation du tableau peut être ordonnée par le gouverneur ou le préfet maritime, sur la proposition motivée du chef de corps et d'après l'avis du major général, conformément à l'article 81 de l'ordonnance du 16 mars 1838.

ART. 133.

Toute proposition contraire aux dispositions de la présente instruction est nulle de plein droit, et ne peut être invoquée en faveur de celui qui en est l'objet.

Sauf le cas de faits de guerre, les préfets maritimes et les gouverneurs des colonies ne doivent, après l'époque des inspections générales annuelles, présenter aucune proposition ou demande d'avancement à des grades militaires et d'admission ou d'avancement dans la Légion d'honneur. Ils ne pourront transmettre des propositions de changement de corps, de mise en non-activité pour infirmités temporaires, de réforme pour infirmités incurables ou d'admission à la retraite, qu'à l'époque des revues trimestrielles, en se conformant exactement aux dispositions de la présente instruction.

Classement par ancienneté établi par l'Annuaire de la marine.

ART. 134.

L'Annuaire de la marine établit le classement, par ancienneté de grade, des officiers du corps d'artillerie et des régiments d'infanterie de la marine. L'inspecteur général examinera les réclamations qui lui seraient présentées contre ce classement, soit par les officiers, soit par les chefs de corps, pour des officiers absents, et transmettra au ministre, avec son opinion, celles qui lui paraîtraient fondées.

L'inspecteur général transmettra également au ministre les réclamations qui auraient pour objet des rectifications d'erreurs, omissions ou fautes typographiques que présenterait l'Annuaire de la marine, en ce qui concerne l'orthographe des noms, la date de l'ancienneté de grade et l'indication des décorations.

Toutes ces réclamations seront consignées sur l'état n° 17 du livret (1re partie), auquel devront être joints les actes de naissance dûment légalisés, lorsqu'il s'agira de rectifications à opérer dans l'inscription des noms, et, pour les autres réclamations, les pièces sur lesquelles elles sont fondées, s'il y a lieu.

Congés temporaires pour affaires personnelles.

ART. 135.

L'inspecteur général pourra accorder des congés de semestre et autres aux officiers, sous-officiers, caporaux et soldats en garnison en France; il se conformera, sous ce rapport, aux dispositions des articles 68, 69, 73, 76 et 79 de l'ordonnance du 22 juin 1847, portant règlement sur la solde et les revues, et à celles de l'article 255 de l'ordonnance du 2 novembre 1833, sur le service intérieur. Toutefois, ces congés ne seront délivrés qu'autant que le préfet maritime, qui peut seul apprécier si le bien du service s'oppose au départ d'une partie ou de la totalité des militaires susceptibles d'être envoyés en congé, ne trouverait aucun inconvénient à cette délivrance.

A moins de circonstance extraordinaire, un officier ne peut aller en congé deux années de suite.

L'inspecteur général désignera au ministre et au préfet maritime les officiers auxquels il ne devra pas être accordé de congés, et il en fera connaître les motifs.

Il se conformera, pour la désignation des officiers, sous-officiers, caporaux et soldats semestriers, aux dispositions de l'instruction du 18 juillet 1821 (*Journal militaire*, page 14). S'il se présente pour jouir du semestre un nombre de sous-officiers, caporaux et soldats supérieur au huitième de l'effectif, l'inspecteur général, en ce qui concerne les simples soldats, désignera de préférence :

1° Ceux qui savent lire et écrire, et qui ont, en outre, leur masse complète ;

2° Ceux qui satisferont à l'une de ces deux conditions.

Enfin il procédera de manière à ne faire comprendre dans les corps que les militaires qui tiennent une conduite régulière, et qui, profitant de l'instruction qui leur est offerte, ont plus de droits que les autres à l'obtention de toute espèce de faveur.

La saison des semestres commence au 1er octobre ou le lendemain de la revue d'inspection, si elle n'a pu être close à cette époque, et finit au 31 mars.

ART. 136.

Il transmettra au ministre les demandes de congé qui lui seront adressées par les colonels, les lieutenants-colonels, les chefs de bataillon commandants de portion de corps, les majors, les trésoriers et les capitaines d'habillement, après s'être assuré, en ce qui concerne les officiers comptables, que l'administration du corps ne s'oppose point à leur absence, et qu'ils ont communiqué leur demande au commissaire aux revues, conformément à l'article 76 de l'ordonnance du 22 juin 1847.

ART. 137.

Les sous-officiers, caporaux et soldats qui obtiendront des congés, de quelque nature qu'ils soient, ne pourront se mettre en route qu'après avoir été visités par le chirurgien-major du corps, et que celui-ci aura déclaré qu'ils ne sont atteints d'aucune maladie vénérienne ou cutanée. Il sera dressé des certificats de cette visite, et ces certificats seront transcrits au dos des congés.

ART. 138.

L'inspecteur général recommandera aux chefs de corps de rappeler aux officiers, sous-officiers, caporaux et soldats sous leurs ordres, les dispositions relatives à la délivrance des prolongations de congé dans l'intérieur, et d'après lesquelles tout militaire ne peut prolonger son absence du service qu'en s'adressant au général de brigade commandant la subdivision militaire dans laquelle il réside, ou au général de division commandant la division militaire. Si c'est pour cause de santé, le réclamant doit produire un certificat du médecin ou du chirurgien de l'hôpital militaire du lieu, ou le plus voisin; et, si c'est pour des affaires jugées indispensables, il doit en fournir la preuve par l'attestation du juge de paix. Dans tous les cas, le militaire doit faire sa demande assez à temps pour qu'il puisse rejoindre dans les délais qui lui ont été fixés, si la prolongation lui était refusée.

Décorations étrangères.

ART. 139.

L'inspecteur général s'assurera que les officiers, sous-officiers et soldats portant les insignes d'ordres étrangers sont munis de l'autorisation prescrite par le décret du 10 juin 1853.

A l'égard des médailles instituées par S. M. la reine d'Angleterre, pour les campagnes de Crimée et de la Baltique, il devra également vérifier si les militaires qui en sont décorés sont porteurs d'un titre nominatif régulièrement enregistré au ministère de la marine et à la grande chancellerie de la Légion d'honneur. Il rappellera enfin que la médaille de Crimée ne peut être accompagnée que des agrafes délivrées par le Gouvernement anglais, et portant les inscriptions de *Alma, Balaklava, Inkermann, Sébastopol* et *Azoff*. Cette dernière agrafe a été instituée spécialement pour les marins de la flotte. Toute agrafe qui se rapporterait à d'autres faits d'armes devra être immédiatement déposée.

Serment.

ART. 140.

L'inspecteur général mettra en demeure de prêter le serment prescrit par l'article 16 du sénatus-consulte du 25 décembre 1852 les officiers qui, en raison de leur récente promotion ou pour toute autre cause indépendante de leur volonté, n'auraient pas accompli cette formalité dans la forme déterminée par l'arrêté du ministre de la marine, en date du 17 janvier 1853.

Revue d'honneur

ART. 141.

L'inspecteur général, ayant terminé toutes ses opérations, fera rassembler le régiment pour la revue d'honneur.

ART. 142.

L'inspecteur général s'assurera qu'il a été remédié à tout ce qu'il aurait remarqué de défectueux et d'irrégulier dans le cours de ses opérations; il fera ensuite manœuvrer et défiler.

Ration de vin accordée par l'inspecteur général.

ART. 143.

L'inspecteur général pourra, s'il le juge convenable, autoriser la distribution d'une ration de vin, à raison de cinquante centilitres par homme présent à la revue d'honneur.

Ordre général à laisser au corps.

ART. 144.

En quittant le corps, l'inspecteur général laissera, sur les différentes parties du service, un ordre général, dans lequel il consignera les prescriptions et les défenses qui résulteront des remarques qu'il aura faites pendant la durée de son inspection.

Il rappellera au colonel ou commandant de la portion de corps qu'aux termes de l'article 243 de l'ordonnance du 2 novembre 1833, sur le service intérieur, le chef de corps est personnellement responsable de la tenue de son régiment ou de la portion de corps qu'il commande, et qu'il lui est interdit d'y rien changer, ajouter, prescrire ou tolérer, qui soit contraire aux règlements.

Il interdira la tenue de tous registres non reconnus par le règlement, et exigera que les livres d'ordres soient constamment au courant, et qu'ils contiennent toutes les inscriptions qu'ils sont destinés à recevoir.

L'inspecteur général signalera dans son rapport d'ensemble les infractions qu'il aura reconnues, afin que des mesures soient prises pour assurer la stricte exécution des prescriptions réglementaires.

Il préviendra les chefs de corps que, faute par eux de s'y conformer, ils se mettraient dans le cas d'être cités au *Bulletin officiel*, et de rester pécuniairement responsables des dépenses illicites qu'ils auraient autorisées.

L'inspecteur général rappellera qu'aux termes des circulaires des 17 juillet 1835 et février 1841, et spécialement de la note ministérielle du 30 mars 1845 et de la dépêche du ministre de la marine en date du 16 décembre 1852, la publication de toute espèce d'écrits ne doit avoir lieu, de la part d'un militaire, qu'après qu'il en aura obtenu l'autorisation du ministre.

ART. 145.

L'inspecteur général adressera au commissaire général l'extrait de son ordre général, en ce qui concerne l'administration et la comptabilité.

ART. 146.

L'ordre général doit être inscrit au livret de l'inspection, au registre des délibérations du conseil, et être mis à l'ordre du régiment.

Une copie de cet ordre sera adressée par l'inspecteur général au gouverneur ou au préfet maritime, qui la transmettra au major général, afin qu'il en surveille l'exécution, sous sa responsabilité personnelle.

Comptes à rendre.

ART. 147.

Aussitôt que le travail d'une portion de corps sera terminé, l'inspecteur général l'adressera au ministre, *par un seul envoi* et *sous double enveloppe*, avec cette inscription : *Pour le ministre seul.*

Lorsque l'inspecteur général aura passé la revue de la totalité des corps ou portions de corps qu'il a mission d'inspecter, il adressera au ministre, *également sous double couvert et avec la même suscription*, un rapport général dans lequel il rendra compte d'une manière raisonnée de l'état moral, physique et matériel de l'ensemble des corps inspectés, et présentera des considérations applicables à l'arme en général et tendant à faire disparaître des défectuosités ou à introduire des améliorations dans le service. *Les observations spéciales à un corps, devant être consignées dans le travail qui le concerne, ne seront pas reproduites dans le rapport général.*

ART. 148.

Afin d'épargner au corps des écritures inutiles, l'inspecteur général aura soin de ne comprendre dans l'envoi du travail d'inspection que les livrets, états et pièces qui sont formellement exigés par la présente instruction. Toutes les demandes particulières devront être adressées séparément au ministre.

DISPOSITIONS SPÉCIALES

AU CORPS D'ARTILLERIE DE MARINE.

Examen de l'école et du matériel de l'école d'artillerie, instruction ; visite du polygone.

ART. 149.

L'inspecteur général donnera une attention particulière à l'école principale d'artillerie établie à Lorient et aux écoles secondaires des autres ports; il examinera la marche habituelle suivie par l'instruction sous tous les rapports; il jugera de l'ensemble de l'instruction acquise depuis la dernière inspection, et de celle de chaque officier en particulier. Il lui sera rendu compte, par le commandant de l'école, du travail des conférences qui auront été tenues, des sujets qui y auront été traités, des épreuves et des expériences qui y auront été faites, des résultats obtenus, des mémoires rédigés, etc. ainsi que de tout ce qui aura été fait par les officiers dans les salles d'étude, salles de dessin, laboratoire de chimie et métallurgie, etc.

L'inspecteur général s'assurera du degré d'instruction des capitaines et lieutenants d'artillerie dans les conférences qui seront tenues à cet effet dans les formes prescrites par l'ordonnance du 2 juillet 1826.

L'inspecteur général s'assurera que les professeurs auront tenu l'enseignement au courant des progrès faits dans les sciences et dans les arts, et qu'ils l'auront particulièrement dirigé vers les applications aux diverses parties du service.

Il fera tracer par les officiers d'ouvriers, et autres qui y seront employés, des épures de différentes parties d'affûts, conformément aux tables, et les interrogera sur les diverses branches d'instruction indiquées dans les considérations générales sur les études d'officiers d'artillerie employés dans les arsenaux, annexées au règlement du 17 juin 1826, sur le service de ces établissements.

L'inspecteur général fera interroger devant lui les sous-officiers qui auront été portés sur le tableau d'avancement, et il s'assurera de leur zèle et de leur capacité pour l'instruction des soldats.

L'inspecteur général jugera de l'instruction des troupes par l'ensemble et la précision dans les différents exercices et manœuvres propres à chaque arme, dans le tir à la cible, dont il ordonnera le fréquent usage, comme la meilleure étude pour former les pointeurs, et enfin dans l'exécution de tous les détails pratiques du métier.

L'inspecteur général visitera la bibliothèque, les salles de dessin, de modèles, le cabinet de physique, le laboratoire de chimie, ainsi que tous les instruments et effets qu'ils renferment.

Il verra si tout ce qui est nécessaire pour les besoins de l'instruction existe d'après ce qui est prescrit par les règlements, et proposera les dispositions convenables pour arriver successivement à compléter ce qui manquera.

Il visitera, accompagné de l'officier de parc de l'école, le polygone, le matériel de l'artillerie affecté à l'instruction et l'approvisionnement de l'école; il s'assurera que les effets d'artillerie destinés à l'instruction pratique sont en quantité suffisante, qu'ils sont bien entretenus et reçoivent une destination convenable : il en fera dresser l'état, et il y joindra ses propositions.

L'inspecteur général s'assurera si le matériel affecté à l'école reçoit la destination voulue; il fera la visite et l'examen des instruments de vérification et de réception des machines modèles, et rendra compte au ministre de leur état de précision et de conservation.

L'inspecteur général arrêtera l'état des sous-officiers, caporaux et soldats susceptibles d'être employés en qualité de gardes d'artillerie, de contrôleurs d'armes et maîtres artificiers, de chefs, sous-chefs et ouvriers d'état, ou d'être détachés dans les fonderies de la marine, et des gardes d'artillerie, contrôleurs d'armes et sous-chefs et ouvriers d'état proposés pour l'avancement. Cet état est compris au livret (2e partie) sous le n° 32.

DISPOSITIONS

CONCERNANT LA COMPAGNIE DE DISCIPLINE DE LA MARINE.

ART. 150.

Les dispositions contenues dans la présente instruction sont applicables à la compagnie de discipline, sauf les exceptions qui résultent de son organisation particulière.

ART. 151.

L'inspecteur général examinera si l'on a suivi exactement les diverses instructions sur le régime, la police et la discipline de la compagnie de discipline, et si l'on a employé tous les moyens autorisés pour atteindre le but de cette institution.

ART. 152.

D'après l'examen qu'il aura fait des notes sur chaque disciplinaire, l'inspecteur général pourra proposer le passage, dans la section de pionniers, des fusiliers qui persisteraient à se mal conduire, en se conformant, à cet égard, aux dispositions de l'article 2 de l'ordonnance du 25 décembre 1842 (*Annales maritimes*, pages 1145), qui prescrit l'avis préalable du conseil de discipline. Il pourra proposer également l'admission, dans la section de fusiliers, des pionniers qui offriraient des garanties d'une meilleure conduite à l'avenir; enfin l'admission des fusiliers qui lui paraîtront corrigés dans les corps de l'arme dont ils faisaient partie au moment de leur passage dans la compagnie de discipline.

L'inspecteur général ne proposera, pour la réintégration dans leurs corps, que les fusiliers de discipline qui sont dans la compagnie depuis un an au moins et qui n'ont pas été punis depuis plus de six mois. Toutefois, ceux à qui il resterait moins d'un an de service à faire seront maintenus dans la compagnie jusqu'au moment de leur libération.

ART. 153.

L'inspecteur général s'assurera que les officiers, sous-officiers, caporaux et clairons composant le cadre de la compagnie de discipline réunissent les conditions de conduite et de fermeté plus particulièrement nécessaires à l'emploi qui leur est confié; il adressera au ministre des rapports particuliers sur les officiers qui ne seraient pas susceptibles d'être maintenus dans cette compagnie.

Quant aux sous-officiers, caporaux et clairons qui se trouveront dans le même cas, l'inspecteur général les fera permuter avec des militaires de leur grade, qu'il choisira dans les portions de corps d'infanterie qu'il inspecte, parmi ceux qui demanderont à recevoir cette destination et qui offriront les garanties désirables. Toutefois, si le remplacement d'un sous-officier ou d'un caporal est demandé pour cause de mauvaise conduite, il n'aura lieu qu'après que ce militaire aura été cassé de son grade et renvoyé comme simple soldat dans la portion du corps la plus rapprochée.

L'inspecteur général est également autorisé à pourvoir aux emplois de sous-officier, de caporal et de clairon, qui vaqueraient dans la compagnie de discipline au moment de son inspection; il choisira ces militaires parmi ceux qui lui auront été présentés pour cette destination dans les portions de corps d'infanterie qu'il inspecte, ou parmi les sujets figurant au tableau d'avancement de la compagnie.

ART. 154.

Aux termes de l'ordonnance du 25 décembre 1842, portant réorganisation de la compagnie de discipline de la marine, les sous-officiers et caporaux employés dans cette compagnie conservent leurs titres à l'avancement dans les corps d'où ils ont été tirés. L'inspecteur général arrêtera l'état des sergents, fourriers et caporaux proposés pour le grade ou l'emploi immédiatement supérieur; il prescrira au commandant de la compagnie de discipline d'adresser un extrait de cet état aux commandants des portions de corps auxquelles appartenaient les candidats avant leur arrivée à la compagnie, et s'assurera que l'on a égard à ces propositions en temps et lieux, ainsi que le prescrit l'article 8 de l'ordonnance précitée.

ART. 155.

L'inspecteur général examinera les hommes qui lui seront présentés pour être réformés; mais il ne délivrera des congés de réforme qu'à ceux qui sont évidemment incapables de continuer à servir.

Il aura soin également de ne porter sur les états des hommes à libérer du service que ceux dont il aura reconnu les droits, après s'être assuré de leur position sous le rapport des obligations qui leur sont imposées comme appelés, engagés volontaires ou remplaçants.

Paris, le 6 mai 1858.

L'Amiral Ministre Secrétaire d'État de la marine et des colonies.

Signé HAMELIN.

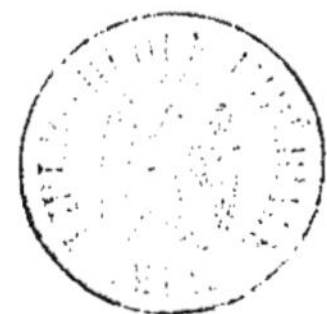

www.ingramcontent.com/pod-product-compliance
Ingram Content Group UK Ltd.
Pitfield, Milton Keynes, MK11 3LW, UK
UKHW020334180726
13839UKWH00002B/713

9 782329 457789